Münchner Kulturbauten

Kurt Faltlhauser

MÜNCHNER KULTURBAUTEN

Zerstörung und Wiederbelebung

Mit Beiträgen von
Lothar Altmann und Sabine Heym

Verlag Friedrich Pustet
Regensburg

Bibliografische Information der Deutschen Nationalbibliothek
Die Deutsche Nationalbibliothek verzeichnet diese Publikation
in der Deutschen Nationalbibliografie; detaillierte bibliografische Daten
sind im Internet über http://dnb.dnb.de abrufbar.

ISBN 978-3-7917-2762-2

Satz: Martin Vollnhals, Neustadt a. d. Donau
Druck und Bindung: Friedrich Pustet, Regensburg
Umschlaggestaltung: Heike Jörss, Regensburg
Printed in Germany 2018

Weitere Publikationen aus unserem Programm finden Sie auf www.verlag-pustet.de
Kontakt und Bestellungen unter verlag@pustet.de

Inhalt

Sakral und Profan

Monarchie und Demokratie

„Eine Stadt besteht ja nicht nur aus Mauern, Straßen und Plätzen, dazu gehört auch der Mensch, der diesen toten Dingen die Seele einhaucht .... Wenn alle mithelfen, dann muss sie wieder heranwachsen, eine einzigartige Stadt."

Karl Meitinger
Stadtbaurat
und berufsmäßiger Stadtrat

München, im Frühjahr 1946

Kurt Faltlhauser

Zerstörung und Wiederbelebung

18. November 1945: Kardinal Faulhaber weiht auf dem Münchner Marienplatz die Patrona Bavariae, die wieder auf die 300-jährige Mariensäule gesetzt worden war. Der ganze Marienplatz ist schwarz von Menschen. Dies ist ein Moment des Aufatmens. Viele weinen in tiefer Erschütterung.

73 Luftangriffe zwischen 1943 und 1945 hatten vor allem die Innenbezirke der „Hauptstadt der Bewegung", der einst so lebensfrohen Stadt, zerstört.

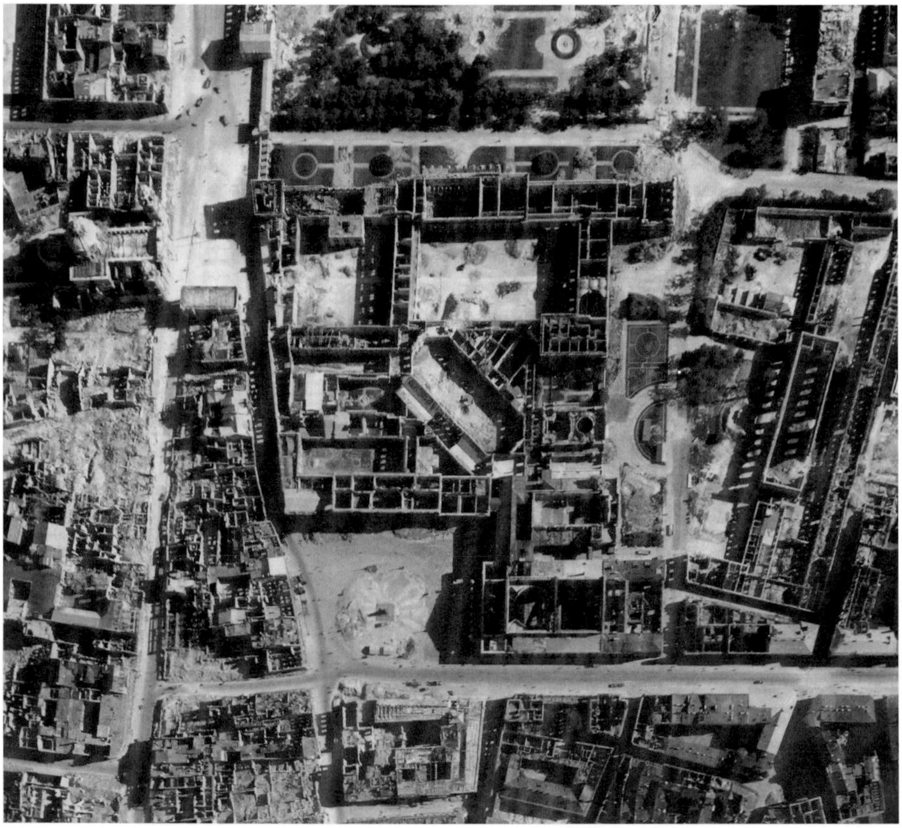

Der Zerstörungszustand der Residenz München im Jahr 1945.

Vier Fünftel aller Wohnungen waren vernichtet, 10.600 Gebäude sanken in Schutt und Asche. Die Alliierten hatten 453 Mienenbomben, 61.000 Sprengbomben, 142.000 Phosphorbomben und 3,3 Millionen Stabbrandbomben abgeworfen. Luftbilder zeigen, dass in der Innenstadt fast nur noch die Außenwände standen – bei Wohnhäusern ebenso wie bei der geschichtsträchtigen Residenz oder der Oper.

Der Start des Wiederaufbaus war nicht nur schwierig, sondern auch heftig umkämpft. „Traditionalisten", die die historischen Gebäude wiedererrichten und herstellen wollten, stritten mit den „Reformern", die zum Beispiel die Residenz als Symbol vergangener und unheilvoller Herrschaft völlig beseitigen wollten, um an ihrer Stelle Sozialwohnungen und Parkplätze zu schaffen. Oberbürgermeister Karl Scharnagl formulierte aber die Devise: „München will stark am alten Stadtbild und seiner Behaglichkeit festhalten." Die „Traditionalisten" gewannen diese Auseinandersetzung, so dass wir heute unter anderem eine wunderschön renovierte Oper, ein wiedererstandenes Cuvilliés-Theater besuchen und eine nahezu vollständig wiederhergestellte Residenz besichtigen können. Dass München im Kern seine alte Gestalt bewahren konnte, wurde in den ersten Jahren nach 1945 nach heftigem Streit sichergestellt.

Der Wiederaufbaureferent Münchens, Stadtrat Helmut Fischer, taxierte die Zeit für den Wiederaufbau der Stadt auf 50 Jahre. Fischer lag mit dieser Einschätzung nicht schlecht; in diesen 50 Jahren sind mindestens vier Phasen zu erkennen:

Da ist die erste Phase bis 1950, die bestimmt war von Schuttbeseitigung und Notmaßnahmen. Noch wohnten viele Münchner in Kellerhöhlen unter Schuttbergen. Der damalige dritte Bürgermeister, Thomas Wimmer, appelierte an die Bevölkerung: „Viele tausend Hände werden notwendig sein, um hunderttausende von Ziegelsteinen und anderes Baumaterial zu bergen. Eine Riesenarbeit harrt unser aller!"

Die zweite Phase des Wiederaufbaus war bestimmt von einer Dynamik, die an zwei Daten orientiert war: Zum einen stand die 800 Jahr-Feier Münchens im Jahr 1958 an, welche die Wiederherstellung des Cuvilliés-Theaters – ein Geschenk des Staates an die Landeshauptstadt – bewirkte. Zum andern fand der Eucharistische Weltkongress im Jahr 1960 in München statt, der die Bemühungen um rasche Notlösungen hin zu Neuordnung und zu originalgetreuer Wiederherstellung wandelte. In dieser Zeit festigte sich der „Münchner Weg", der den weitgehenden Wiederaufbau des historischen Stadtbildes zum Ziel hatte. Die Attraktivität der bayerischen Landeshauptstadt für Fremde, die Liebe der Münchner zu ihrer Stadt, – sie wurden durch die Bauentscheidungen in den 1950er Jahren begründet. Dies gilt trotz der Bausünden, die Erwin Schleich in seinem Buch über die „zweite Zerstörung Münchens" (1978) angeprangert hat.

Diesem zweiten Zeitabschnitt des Wiederaufbaus folgte ein dritter, wieder angestoßen durch ein Großereignis: die Olympiade von 1972, ein Glücksfall für Mün-

Fürsten und Finanzen

Der Alte Hof im Zentrum Münchens

Der sogenannte „Alte Hof“, die älteste Residenz der Wittelsbacher in München, kann auf eine lange und bewegte Geschichte zurückblicken, die für die Landeshauptstadt wie für Altbayern insgesamt von Bedeutung ist. Er bildet „das einzige in wesentlichen Teilen erhaltene mittelalterliche Architekturensemble der Münchner Innenstadt“ (Biller/Rasp, S. 76).

Daher ist es aus historischen und konservatorischen Gründen Aufgabe des Staats als Besitzer, aber auch der Stadt, mit dieser Burganlage nicht nur pfleglich umzugehen, sondern zu ihrer Zukunftssicherung eine nachhaltige Nutzung zu ermöglichen.

◁ *Tor- und Affenturm des Alten Hofs*

Lothar Altmann

Von den Anfängen bis zum Zweiten Weltkrieg

Die Entstehung der Herzogsburg

Für den Gründer des Marktes „ze den Munichen“, den welfischen Bayernherzog Heinrich den Löwen, lässt sich seine gesamte Regierungszeit (1155–1180) über kein Aufenthalt hier nachweisen. Als 1225/26 der Wittelsbacher Herzog Ludwig der Kelheimer in München amtierte, wählte er hierfür die Peterskirche, weil er offenbar über keinen eigenen repräsentativen Raum am Ort verfügte. Dennoch hat es damals – laut archäologischen Befunden – bereits einen wohl 1173/74 genannten Stützpunkt des Landesherrn bzw. Sitz seines Statthalters an der Nordostecke der ersten Münchner Stadtbefestigung gegeben. Sein nahezu quadratischer Bering bestand im Norden und Osten aus der bis zu 2 m dicken Stadtmauer (aus zwei Ziegelschalen mit einer Füllung aus Mörtel-Stein-Gemisch), vor welcher der Hofgraben- bzw. der Pfisterbach floss, im Westen und Süden hingegen aus einer ähnlichen eigenen Wehrmauer samt einem etwa 3 m tiefen und 11 m breiten Graben. Damit war ein Ensemble geschützt, das ein steinernes Gebäude, wohl den Bergfried, an der Nordwestecke und damit an der höchsten Stelle des Geländes, außerdem mehrere Pfostenbauten unterschiedlicher Größe sowie im Süden einen Brunnen umfasste. Diese Befestigung lag wie die Peterskirche auf einer leichten, heute kaum mehr wahrnehmbaren Anhöhe (am Ostrand der Münchner Altstadtterrasse), die bereits zur Urnenfelderzeit (ca. 10. Jh. v. Chr.) besiedelt gewesen war. Ihr Zugang erfolgte damals von Westen, nahe dem nordöstlichen Stadttor, dem „Vorderen Schwabinger Tor“.

Nach der ersten Landesteilung Bayerns 1255 verlegte Herzog Ludwig II. (reg. 1253–1294), der wegen der wohl machtpolitisch motivierten Hinrichtung seiner ersten Gemahlin, Maria von Brabant, den verharmlosenden Beinamen „der Strenge“ erhielt, den Verwaltungssitz des neuen Teilherzogtums Oberbayern nach München. Das war nur möglich, weil es zuvor den Wittelsbachern gelungen war, dem Freisinger Bischof die Herrschaft über die Stadt abzuringen. Ludwig begann seine neue Residenzstadt ringsum großzügig zu erweitern und neu zu befestigen. Zudem ließ er diesen Stützpunkt zum „Castrum“ ausbauen, mit weiteren Steinbauten an der Westseite (Zwingerstock) und einem Steingebäude (Palas) samt Vorbau aus Holz im Süden der Anlage (östlicher Teil des Burgstocks), deren Außenmauern alle auf der Wehrmauer aufruhten. Diese Herzogsburg erwies sich 1259 – im Zug der Feierlichkeiten zur Hochzeit des Grafen Meinhard II. von Görz-Tirol mit Elisabeth von Bayern, verwitweter Königin von Jerusalem und Sizilien – als angemessen und voll funktionstüchtig. Durch den neuen südlichen Torturm wurde sie auf den sogenannten Schrannenplatz, der auch höfischen Festivitäten diente, ausgerichtet. Mit diesem wirtschaftlichen wie gesellschaftlichen Stadtzentrum war die Herzogsburg durch die relativ breite Burgstraße verbunden, die 1364 erstmals genannt wird und in der sich besonders Hofbedienstete ansiedelten.

In Sichtachse (spätere „Gruftstraße“) vom Westtor seiner Burg aus ließ Herzog Ludwig II. eine neue Kirche aufführen. Diese Basilika wurde – wie Ludwigs Fürstenfelder Sühnekirche – der Gottesmutter Maria, der Namenspatronin seiner ermordeten Gemahlin, geweiht. Auf Betreiben des Herzogs erhielt die Frauenkirche 1271 Pfarrrecht und wurde so der älteren Pfarrkirche St. Peter gleichrangig. Als Ende des 13. Jahrhunderts die Herzogsburg eine eigene Hofkapelle bekam, wurde das Westtor durch ein Nordtor ersetzt.

Die Herzogsburg wird Kaiserpfalz

In der Münchner Herzogsburg wurde erneut 1266 – wie schon bei der Hochzeit seiner Mutter Elisabeth 1259 – König Konrad von Jerusalem und Sizilien (Konradin von Hohenstaufen) als Gast empfangen. Vermutlich in ihr erblickte 1282 Herzog Ludwig IV., der spätere Deutsche König (ab 1314) und Kaiser (ab 1328), das Licht der Welt. Unter seiner Regentschaft entwickelte sich die Burg zwar zu einem überregionalen Herrschaftszentrum, aber zu keinem Mittelpunkt des Reichs und dessen Verwaltung, wie oft behauptet wird. Denn auch die von Ludwig weiter ausgebaute Burganlage war hierzu viel zu klein, weswegen hier nie Hoftage stattfanden und beispielsweise für Friedrich II., Landgraf von Thüringen und Markgraf von Meißen, bei seinem Besuch im Jahr 1331 zur Logis ein Patrizierhaus in der Stadt angemietet werden musste.

Wohl ab 1319 wurde der mittlere Zwingerstock mit dem noch existierenden sogenannten Rittersaal neu aufgeführt, der Burgstock teils erneuert, teils umgebaut und 1324 die Hofkapelle im Norden, zwischen Burgmauer und Hofgraben, zu einer repräsentativen Hofkirche in gotischem Stil umgestaltet. Sie war der Muttergottes Maria, St. Margareta und allen Heiligen geweiht und erhielt erst später (Ende des

14. Jh.?) den hl. Laurentius (Lorenz) neben Maria zum Hauptpatron. Dieses Gotteshaus bestand aus einem fünfjochigen Saal (mit älterer Bausubstanz), einem neuen, polygonal geschlossenen Chor im Osten, drei übereinanderliegenden Emporen im Westen und einem einheitlichen, von Konsolen aufsteigenden Rippengewölbe.

Die neue Hofkirche – reich und kostbar beispielsweise mit Glasgemälden ausgestattet – bildete das angemessene Ambiente für die dort von 1324 bis 1350 verwahrten Reichskleinodien, die Reichskrone, das Szepter, den Reichsapfel, das Reichsschwert sowie die Heilige Lanze. Der Besitz der Reichsinsignien war Ludwig IV. zum Zweck seiner Legitimation besonders wichtig, hatte er doch bei seiner Königskrönung in Aachen 1314 nur auf Nachbildungen zurückgreifen können, weil sich die Originale damals in Händen seines Gegenkönigs Friedrich des Schönen befanden. Ab 1389 waren für einige Jahre in der Münchner Hofkirche die vielverehrten und prestigeträchtigen Andechser Heiltümer ganz oder teilweise präsent. Aus der Hofkapelle war nicht nur eine Hofkirche, sondern auch eine „Sainte-Chapelle" geworden, aus der Herzogsburg eine Kaiserpfalz, wo bei Anwesenheit Ludwigs wohl auch die Kanzlei des Reichs untergebracht war, bis heute berühmt durch die Prunkurkunden des Notars, Schreibers und Miniaturenmalers Leonhard von München. Der Burgkaplan war den Pfarrern von St. Peter und der Frauenkirche gleichgestellt.

1816 abgebrochen, haben sich von der Hofkirche im Bayerischen Nationalmuseum in München bedeutende Bauskulpturen aus Sandstein (um 1324) mit Resten alter Fassung erhalten, die einen überraschend eigenständigen, ja, eigenwilligen Stil an den Tag legen. Es handelt sich hierbei um zwei mächtige Schlusssteine des Langhausgewölbes mit dem Wappenschild des Reichs (Adler) bzw. der Grafschaften Holland-Hennegau (vier steigende Löwen), um ein Portalrelief mit dem von zwei Engeln präsentiertem pfälzisch-bayerischen Wappen und um drei Baldachinfiguren, welche die hl. Könige Balthasar und Melchior sowie den hl. Josef oder einen Apostel, möglicherweise Judas Thaddäus, darstellen. Darunter befindet sich auch das 1324 datierte, bedeutsame Stifterrelief von der Langhaussüdseite. Dieses zeigt typisierend König Ludwig IV. mit seiner frisch angetrauten zweiten Gemahlin Margarethe von Holland-Hennegau, auf die ja die zwei genannten Schlusssteine verweisen. Das Herrscherpaar bringt der Muttergottes als Hauptpatronin das Modell der neuen Hofkirche dar. Berücksichtigt man, dass Ludwig im selben Jahr 1324 vom Papst exkommuniziert wurde, wird aus dem Stifterrelief eine Provokation, präsentiert es

◁ *Innenansicht der heute nicht mehr existierenden Hofkirche St. Lorenz; Lithographie von Carl August Lebschée, 1857, nach einer Vorlage von Domenico Quaglio*

Stifterrelief aus der früheren Hofkirche St. Lorenz, 1324: links Ludwigs Gemahlin Margarethe von Holland-Hennegau, rechts Ludwig IV.

doch den König als – im Gegensatz zu Johannes XXII. – wahren Beschützer und frommen Förderer der Kirche, der sich durch sein Handeln würdig in die Schar der hl. drei Könige (vgl. Anbetungsgestus und Bildprogramm der Chorplastik) einreiht. Fragmente von Maßwerkfenstern der Hofkirche sind – neben zumeist jüngeren Funden von Ausstattungsbruchstücken und Gebrauchsgegenständen der Burg – in der Dauerausstellung „Die Münchner Kaiserburg“ im Alten Hof zu sehen.

Mehr oder weniger den Zustand der Kaiserpfalz beim Tod Ludwigs IV. im Oktober 1347 skizziert eine Quelle zur Burgsanierung, die wegen der gleichzeitigen Nutzung durch mehrere Kinder des Kaisers und ihrer Familien notwendig geworden war und 1364 ihren Abschluss fand. Demnach war der Altbau (östlicher Burgstock) aus der Zeit Herzog Ludwigs II völlig umgebaut worden: Er war nun mit der noch erhaltenen großen Dürnitz ausgestattet, einer – zumindest seit dem 15. Jahrhundert – zweischiffigen überwölbten Halle zu je fünf Jochen, die beheizt werden konnte; der Vorbau an der Hofseite dieses Trakts war in Ziegelbauweise erneuert. Außerdem sind vier weitere Steinhäuser (westlicher Burg- und dreigliedriger Zwingerstock), ein gedeckter Verbindungsgang an der Ost- und Nordmauer, der an der Südflanke der Hofkirche zudem als Heiltumsstuhl und/oder Herrscherloggia gedient haben könnte, zwei Küchen sowie mehrere Abwasserkanäle genannt.

Ludwig IV. „der Bayer“, wie ihn sein Gegenspieler, Papst Johannes XXII., verächtlich nannte, hatte die benachbarte Frauenkirche zur ersten Wittelsbacher Grablege Münchens gemacht: Als seine erste Gemahlin, Beatrix von Schlesien-Glogau, 1322 gestorben war, hatte er den Chor der Kirche in gotischen Formen erneuern und in dessen Mitte ein Grabmal für sie und sich errichten lassen.

Kaiser Ludwigs zahlreiche Erben hatten an einer besonderen Last zu tragen: den über ihren Vater verhängten Kirchenbann. Im September 1359 wurde davon sein Sohn Ludwig der Brandenburger samt Familie durch den Freisinger Bischof in der Münchner Hofkirche feierlich losgesprochen. Erwähnt sei auch, dass eine Urenkelin Ludwigs, die später in Frankreich Karriere machen sollte, wohl 1370 in der Münchner Kaiserburg geboren wurde: Elisabeth von Bayern, international bekannt als Isabeau de Bavière, ab 1385 Gemahlin des französischen Königs Karl VI. und Gegenspielerin von Jeanne d’Arc, der hl. Jungfrau von Orléans.

Eine zweite Blütezeit im 15. Jahrhundert

Eine weitere bedeutende Umbauphase erlebte die Münchner Burg im 15. Jahrhundert. Schon um 1425 wurde der nördliche Teil des Zwingerstocks mit einem liegenden Kehlbalkendachstuhl neu eingedeckt, einem der – soweit bekannt – frühesten Exemplare seiner Art in Altbayern. Laut angebrachter Jahreszahl wurde die Hoffassade dieses Gebäudes 1444 in der jetzigen Form bemalt, nur die Sonnenuhr fehlt heute. Wohl 1439 bekam der südliche Torturm durch Vertiefung und Aufstockung seine markante Gestalt mit den vier spitzen Ecktürmchen („Lugerkern“) am Ansatz des steilen Quersatteldachs; er wurde so – mit seiner Höhe von 37 m einst weithin sichtbar – zum Kennzeichen der Hofburg im Stadtgefüge.

Unter dem kunstliebenden wie baufreudigen Herzog Sigismund (reg. 1460–1467), der erst 1470 die Burg seinem regierenden Bruder Albrecht IV. überließ, erhielt der westliche Burgstock als Fürstenresidenz um 1463 ein neues Dachwerk und danach an der Hofseite zur Akzentuierung in Fachwerkbauweise den grazilen, dreistöckigen Erkerturm mit hohem Spitzhelm und gemaltem Wappenzyklus, 2×5 Wappen von Wittelsbachern und ihren Gemahlinnen, wie ähnlich an der Schlosskapelle Blutenburg oder am Torbau der Burg Grünwald. Ein Kupferstich von Matthäus Zasinger (um 1500) führt einen Hofball vor Augen, der wohl in einem der beiden Erkerzimmer des Burgstocks stattfindet, wobei das Herzogspaar im Erker Platz genommen hat.

Dieser heute noch zu bewundernde spätgotische Erkerturm heißt seit dem 19. Jahrhundert „Affentürmchen“. Denn man hat auf ihn anachronistisch eine Sage

Hofball mit Herzog Albrecht IV. und Gemahlin im Erkersaal; Kupferstich von Matthäus Zasinger, um 1500

übertragen, wonach ein zahmer Hofaffe – solche gab es im 14. Jahrhundert hier tatsächlich – den späteren Kaiser Ludwig als Kleinkind vor einem wild gewordenen Schwein auf die Treppenturmspitze der Hofkapelle gerettet haben soll. Es gibt hierzu noch eine Variante, der zufolge der verspielte Affe das Wickelkind in seinen Armen habe wiegen wollen, dabei überrascht worden sei und sich erschrocken samt Baby auf den genannten Treppenturm geflüchtet habe. Beide Geschichten gehen gut aus: Der durch Leckerbissen angelockte Affe brachte das Kind schließlich wohlbehalten zurück.

Ebenfalls im Zug des Um- und Ausbaus von Burg- und Zwingerstock um 1460/70 wurde – noch heute sichtbar – die Dürnitz im östlichen Burgstock zur Gewölbehalle umgestaltet. Das könnte auch auf die ähnliche Kellerhalle im mittleren Zwingerstock zutreffen. In diesem Burgabschnitt hat sich zudem eine profilierte Bohlenbalkendecke aus spätgotischer Zeit erhalten. Wohl damals wurde auch die teilweise bereits bestehende weiß-blaue Rautenbemalung an der Hoffassade des Burgstocks und am Torturm erneuert als unübersehbarer Hinweis auf die hier residierende Dynastie. Eine solche Etikettierung zeichnete damals nachweislich auch den Wittelsbacher-Herzogshof in Regensburg aus.

Außerdem malte ein Künstler aus der Werkstatt bzw. Nachfolge des sogenannten Meisters der Pollinger Tafeln (= Hans Gleismüller?) an die Wand des neuen, repräsentativen „Ahnensaals“ der Münchner Burg, dessen Lage unklar ist, eine über 60 Persönlichkeiten umfassende Herrschergenealogie von Tassilo III. bis Sigismund, der als Auftraggeber angedeutet ist. Als Monument der Legitimation sowie der Zusammengehörigkeit von Land und Dynastie wurde diese Genealogie bis ins 19. Jahrhundert immer wieder in unterschiedlichen Techniken und Formen kopiert und fortgeschrieben. Deshalb wissen wir genau, wie sie komplett ausgesehen hat, obwohl nur ein geringer Rest von 14 Personen (seit 1893 ebenfalls im Bayerischen Nationalmuseum) erhalten blieb: Ganzfiguren in zeitgenössischen Kostümen waren bzw. sind friesartig aneinandergereiht, gegliedert in Zweier- und Dreiergruppen, und einzeln gekennzeichnet durch Allianzwappen sowie erläuternde Reimverse in Deutsch. Zentriert waren sie auf Kaiser Ludwig IV., der als einziger thront. Als Grundlage für diese ruhmreiche Ahnengalerie diente die „Chronik von den Fürsten zu Bayern“ (1427/28) des Geschichtsschreibers Andreas von Regensburg.

Das Urteil Hartmann Schedels in seiner Weltchronik von 1493 über die Münchner Herzogsburg scheint zutreffend: „ein fast weyter fürstlicher hoff vnd behawßung mit vil hübschen vnd wunderwirdigen gemachen, camern vnd gewelben“. So verwundert es nicht, dass Herzog Sigismund nach seiner Abtretung der Hofhaltung an seinen regierenden Bruder das Wasserschloss Blutenburg nordwestlich Münchens zu einer ähnlichen Anlage mit beherrschendem Torturm, eigenständiger Hofkirche und Darstellung des kaiserlichen Ahnherrn in einem genealogischen Wappenfries ausbauen ließ zu einer ländlich-idyllischen Variante der Stadtresidenz. Möglicherweise spiegelt die Blutenburg einen Machtanspruch des aus der Regentschaft gedrängten Bauherrn.

Der „Alte Hof“

Nachdem München 1505/06 Hauptstadt des endgültig vereinigten Herzogtums Bayern geworden war, verlegte Wilhelm IV. (reg. 1508–1550) im zweiten Drittel des 16. Jahrhunderts den landesherrlichen Wohn- und Regierungssitz definitiv in die heute nicht mehr erhaltene „Neuveste“. Dabei handelte es sich um eine Wasserburg außerhalb der Stadtmauern, die ab 1384 in Nachbarschaft zur bisherigen Hofhaltung angelegt worden und mit dieser durch ein Gangsystem verbunden war. Sie hatte zunächst den Herzögen als Fluchtburg gedient, um bei Bürgerunruhen (zuletzt 1384/85) und vor Stadtbränden wie dem verheerenden von 1327 sicherer zu sein, war bei diesem doch auch ein Teil der bisherigen Burg in Mitleidenschaft gezogen worden. Die Errichtung der Neuveste erlaubte zudem die Zuschüttung sowie Überbauung des Wehrgrabens im Süden und Westen der alten Burg. Diese heißt seitdem „Alte Veste“ (erstmals 1391) oder „Alter Hof“ (seit 1551) und wurde niemals abgetragen, sondern wohl als Symbol der Anciennität und kaiserlichen Würde der Wittelsbacher-Dynastie bewusst erhalten. In einem Löwenzwinger wurden, wie 1473 und 1492 erwähnt, bayerische Wappentiere gehalten, für die ein eigener Wärter zu sorgen hatte, der in der Burgstraße direkt am Torturm wohnte.

Der Alte Hof bot nach dieser Auslagerung der Residenz zunächst noch Mitgliedern der Herrscherfamilie (darunter in seiner Jugend Herzog Maximilian I.), Gästen (wie Erzherzog Ferdinand II. von Österreich anlässlich der Hochzeit von Wilhelm V. mit Renata von Lothringen 1568) sowie Höflingen Unterkunft. Dann folgten sukzessive wichtige Zentralbehörden wie das Siegelamt (westlicher Burgstock), der Hofrat samt Kanzlei (nördlicher Zwingerstock), der Geistliche Rat, der Kriegsrat und – am nachhaltigsten – die personalintensive „Hofkammer“ (Finanzkammer; anfangs nur im südlichen Zwingerstock).

Das machte immer wieder Sanierungs-, Modernisierungs- und sonstige Umbaumaßnahmen wie Erweiterungen oder Aufstockungen erforderlich. Laut Inschriften und Dendrodaten wurden solche beispielsweise 1506, um 1562, 1704 und um 1760 durchgeführt. Im Jahr 1567 wurden die an der Ostseite der Burg befindlichen Stallungen in den neuen Marstall jenseits des Hofgrabens verlegt.

Die Hofkammer erhielt 1581 mit dem ab 1579 wahrscheinlich von Hofbaumeister Wilhelm Egckl errichteten dreigeschossigen Pfisterstock an der Nordostecke zusätzliche Räume, wo das Hofarchiv und um 1599 die Hofbibliothek (bis 1778/83) ihren Platz fanden. Der namengebende Vorgängerbau, die 1492 installierte Hofpfisterei, war zusammen mit der angrenzenden Hofmühle und der herzoglichen Harnisch- oder Rüstkammer im Juli 1578 abgebrannt. Wegen mangelnden Einsatzes bei den Löscharbeiten musste der Harnischmeister für 14 Tage ins Gefängnis. Als solches diente straffällig gewordenen „Standespersonen“ das sogenannte Grafen- oder Schottenstübl im östlichen Burgstock.

In den Kellerräumen des Alten Hofs lagerten Vorräte an Speis und Trank, der Wein – wie heute wieder – unter den Gewölben des mittleren Zwingerstocks. Hinzu kam im Jahr 1589 an der Ostseite der Burganlage, dort, wo sich bislang eine Küche, das Herzogsbad und das Hennenhaus direkt neben der den Pfisterbach überspannenden Hofschleiferei von 1565 befanden, das neue herzogliche „Braune Bräuhaus“ (für untergäriges Gerstenbier). Ihm wurde 1644 ein Gebäude für das Bräuamt zur Seite gestellt und 1732 das spätere „Zerwirkgewölbe“ (Ecke Lederer-/Sparkassenstraße) zugeschlagen. 1808 vereinte man die Brauerei mit dem „weißen“ Hofbräuhaus (für obergäriges Weizenbier) am Platzl.

Ansicht des Alten Hofs, Aquarell von Carl August Lebschée, 1869

Sitz der Finanzverwaltung

Nach Auslagerung des Bräuhauses wurde der Alte Hof fast ausschließlich Sitz der staatlichen Finanzverwaltung und erhielt von den Bürgern bald den Spitznamen „Zwingburg". So entstand 1816–1819 für die Generaldirektion der Zölle sowie das Militärisch-topographische Bureau durch Landbaumeister Mathias Rösler (Reßler) der Lorenzistock, der sich bis zur Dienerstraße erstreckt. Ihm musste leider die Hofkirche St. Lorenz weichen, die um 1667 zudem mit drei Barockaltären ausgestattet worden war. An der Stelle der ehemaligen Brauerei-Gebäude errichtete Architekt Georg Friedrich Ziebland 1831/32 für die Steuerkatasterkommission den Brunnenstock, der so heißt, weil er beim 1785 bzw. 1827 erneuerten Hofbrunnen liegt. Zudem erneuerte Ziebland den Ostteil des Burgstocks, auch diesen im damals üblichen Rundbogenstil à la Ludwigstraße, wobei die historischen Kellergewölbe beibehalten wurden. Schon 1813 war der südliche Torturm teilweise abgetragen worden. 1902/03 wurde der Zieblandtrakt durch die Firma Heilmann & Littmann

Blick in die Nordostecke des Burghofs, v.l.n.r. Lorenzi-, Pfister- und Brunnenstock; Zustand um 1900

umgebaut und dabei seine Hoffassade sowie die des Pfisterstocks einheitlich gestaltet, zehn Jahre später wurde der Lorenzistock erhöht.

1936 malte Max Spielmann unter Leitung seines Lehrers, Akademieprofessor Franz Klemmer, an die Hofseite des Torturms – zeitgemäß – ein riesiges Fresko von Herzog Christoph dem Starken (1449–1493) bei seinem legendären Steinstoß. Dieses Ereignis war als Bildmotiv gewählt worden, weil es angeblich im Alten Hof stattgefunden hatte und hier lange der 364 Pfund schwere Stein zu sehen war (heute im Zugangsbogen zum Brunnenhof der Residenz), den dieser Wittelsbacher Kraftprotz bei einem Wettbewerb neun Schritt weit geschleudert haben soll.

Kurt Faltlhauser

Erneuerung, Neubau und Nutzung des Alten Hofs nach 1945

Samstag, 18. März 1944: „Ein amerikanischer Bomberverband, mit Jagdschutz aus Süd und Südwest angeflogen, führte einen mittelschweren Sektorenangriff gegen das Stadtgebiet aus. Der Angriff erfolgte aus Höhen von 4.000 m bis 7.000 m, einzelne Maschinen flogen zwischen 1.500 m und 3.500 m Höhe. [...] Es wurden 339 Sprengbomben (250 kg) und 805 Flüssigkeitsbrandbomben (45 kg) abgeworfen. [...] Der Luftangriff forderte 172 Todesopfer, 296 Personen wurden verletzt. [...] Folgende Kulturbauten und öffentliche Gebäude wurden in unterschiedlichen Abstufungen beschädigt: Residenz schwer; Marstallgebäude schwer; Residenztheater total; Karmeliterkirche total; Peterskirche, Augustinerkirche, Allerheiligen-Hofkirche am Marstallplatz und evangelische Himmelfahrtskirche an der Kiderlstraße schwer; [...] Maximilianstraße schwer; [...] Alte Akademie an der Neuhauser Straße schwerer Teilschaden; Stadtbibliothek an der Weinstraße schwer; Finanzamt im Alten Hof mittel [...]" (Bauer: Fliegeralarm.Luftangriffe auf München 1940-1945, München, 1987).

Es war der 16. von insgesamt 73 Angriffen auf die Stadt München; die Innenstadt war total zerstört. Wilhelm Hausenstein schrieb am 21. Dezember 1944 in sein Tagebuch: „Die Stadt ist nun absolut verwüstet; sie existiert nun wirklich fast nur noch in Trümmern." Glücklicherweise wurden am Alten Hof „nur" der Lorenzi-, der Brunnen- und der Pfisterstock stärker beschädigt; die historisch wertvollen Teile, Burg- und Zwingerstock, waren durch die Bombeneinschläge in Mitleidenschaft gezogen, aber nicht zerstört. Der Lorenzistock wurde 1950/51 in schlichterer Form und ohne das abgebrannte oberste Stockwerk unter der Leitung von Rudolf Esterer wiederhergestellt. Den im Kern noch aus der Renaissance stammenden Pfisterstock riss man 1957, den Brunnenstock 1960 gänzlich ab, um neuen Gebäuden Platz zu machen. Bei diesem Wiederaufbau wollte man, zumindest im äußeren Erscheinungsbild, architektonisch an die Zeit des Mittelalters erinnern, was vor allem für den zunächst fertiggestellten Pfisterstock, teilweise aber auch für den anschließenden Kassenhallenbau (z. B. bei der Dachgestaltung) galt.

Kriegsschäden am Brunnenstock, 1946

Zu der damaligen Zeit gab es noch keine diffusen Nutzungsdebatten, vielmehr kehrte im Jahr 1962 das seit 1927 im Alten Hof ansässige Zentralfinanzamt zurück; dabei konnte es auch den neuen Brunnenstock beziehen. Dieser war als Stahl-Skelettbau (mit verputzter Lochfassade) erstellt worden, dessen Fundament durch 14 m lange Betonpfähle verankert werden musste, da der Pfistermühlbach den Untergrund mit Schlickablagerungen unsicher gemacht hatte. Die gleichen Probleme hatten sich schon beim Bräuhaus Ende des 16. Jahrhunderts ergeben; in den 1990er-Jahren sollten sie bei der Fundierung der Allerheiligen-Hofkirche erneut auftreten.

1963 begannen Renovierungsarbeiten am Zwinger- und am Burgstock mit dem Versprechen, die dortigen „Gewölberäume von erlesener Schönheit" einmal der Allgemeinheit in angemessener Form zugänglich zu machen. Der Gewölberaum im Burgstock diente aber zunächst nur als Versteigerungshalle, der „Rittersaal" im Zwingerstock wurde Kantine für die Mitarbeiter des Zentralfinanzamts. Nichts war es mit der „angemessenen" Nutzung und auch nichts mit der „Allgemeinheit".

1966–1968 wurde der Aufbau des Torturms von Erwin Schleich anhand historischer Bildquellen wie der Schedel'schen Weltchronik von 1493 und des Sandtner'schen Stadtmodells von circa 1570 idealisierend rekonstruiert. Dabei wurden die Wappen am Turm (Kaiser Ludwig der Bayer, Haus Wittelsbach und verschwägerte Herrscherhäuser) in Keramik erneuert. Wiederhergestellt wurden auch die spätgotischen Fassadenmalereien, nachdem 1963 Reste davon freigelegt worden waren. Seit 1967, dem Jahr, in dem mit der Restaurierung des Erkerturms der „Wiederaufbau“, das heißt die damalige Sanierungs- und Neugestaltungsphase des Alten Hofs, abgeschlossen war, erinnert das bronzene Reiterstandbild Ludwigs IV. von Hans Wimmer vor dem Nordtor an die Glanzzeit der Kaiserburg. Schon um 1903 war an der Nordwestecke im ersten Obergeschoss des östlichen Burgstocks eine Kunststeinstatue Herzog Ludwigs II. angebracht worden, die sich heute im Inneren befindet. Mit Katzenkopf-Steinen gepflastert, steht der Burghof seit den 1960er-Jahren nicht mehr als Parkplatz zur Verfügung.

Der graue, zerfallende Riese

Mehr als 20 Jahre war dann Ruhe um den Alten Hof. Der abweisende, Stille gebietende Charakter der Burg wurde verstärkt, weil hier das Zentralfinanzamt der Landeshauptstadt München beheimatet war, ein Koloss entsprechend seinem Steueraufkommen: Mit 40 Mrd. DM Steuereinnahmen war es Anfang der 1990er-Jahre das größte deutsche Finanzamt. Zusätzlich waren in diesem Gebäudekomplex noch die EDV-Stelle beim Finanzamt München für Grundbesitz und Verkehrssteuern und Teile der Vollstreckung untergebracht. Im Finanzamtsalltag im Alten Hof gab es in den 1980er- und 1990er-Jahren gelegentliche „Aufhellungen“ durch kulturelle Nutzung. So führte hier z. B. August Everding im Jahr 1985 zum Auftakt der Opernfestspiele Carl Orffs „Bernauerin“ auf. Die Abendzeitung schrieb: „Ein Riesenerfolg“! Im Jahr 1993 gastierte im Innenhof das „Theater der Welt“. Über solche punktuellen Kulturereignisse hinaus passierte jedoch in all den Jahren im Alten Hof nichts Besonderes, – erstaunlich, angesichts der zentralen Lage dieses historischen Orts.

Das Finanzrechenzentrum war es dann, das die Debatte um die Verlegung des Finanzamts angestoßen hat. Die „Arbeitsgruppe schlanker Staat“ der CSU-Landtagsfraktion unter der Leitung des Abgeordneten Engelbert Kupka hatte sich intensiv und lange mit der Frage beschäftigt, ob es sinnvoll ist, in Bayern zwei Finanzrechenzentren zu unterhalten. Das Ergebnis dieser Untersuchung teilte der Vorsitzende Kupka im Schreiben vom 13. September 1995 Ministerpräsident Edmund Stoiber mit: „Jedenfalls ist die EDV-Stelle an diesem zentralen Ort [Alter Hof] nicht nur räumlich, sondern auch von der Logistik her völlig falsch untergebracht, was in Zukunft zu steigenden laufenden Ausgaben führen muss.“ Dieser Vorstoß der Kupka-Arbeitsgruppe führte dazu, dass die Finanzverwaltung zu dem Ergebnis kam, die Rechenzentren in Nürnberg zusammenzulegen.

Die Folge war, dass man auch das Zentralfinanzamt aus dem historisch wertvollen Gemäuer des Alten Hofs entfernen wollte. So unterrichtete das Finanzministerium die Münchner Stadtbaurätin Christiane Thalgott am 24. November 1997:

„Das Zentralfinanzamt, derzeit auf verschiedene Standorte – teils in staatseigenen, teils in angemieteten Räumen – im Stadtgebiet verteilt, soll künftig im Wesentlichen an einem Standort zusammengefasst werden. Dafür sollen Teile des derzeit noch vom Deutschen Patentamt angemieteten Anwesens Winzererstraße 47a / Saarstraße 5 und 7 nach einer grundlegenden Sanierung angemietet werden.“ Im gleichen Schreiben wurde auf die Überlegungen von Finanzminister Erwin Huber hingewiesen, den Alten Hof im Wege des Erbbaurechtes einem Investor zu überlassen, „der die Generalsanierung des gesamten Anwesens übernimmt und über die Erlöse aus der Nutzungsüberlassung die Sanierung einiger eventuell im staatlichen Nutzungsbereich verbleibender Räume im Alten Hof [...] finanziert. Die zusätzliche Mittelinanspruchnahme aus dem Staatshaushalt soll auf diese Weise weitgehend vermieden werden.“

Mit der verwaltungsinternen Entscheidung, die Einrichtung der Steuerverwaltung werde den Alten Hof verlassen, wurde also sofort die Frage nach der zukünftigen Gestaltung und Nutzung des Alten Hofes gestellt. An dieser Zukunftsdebatte beteiligte sich nicht nur der Bayerische Landtag, sondern auch die organisierte Bürgerschaft Münchens, in erster Linie das „Münchner Forum“ und die „Freunde der Residenz e.V.“. In dieser Debatte ging es vor allem um zwei Fragenkomplexe:

- zum einen um die Grundsatzfrage, ob der Staat diesen historischen Komplex ganz oder teilweise einem privaten Investor zur Bebauung übergeben soll;
- zum andern darum, welche Nutzungen diesem alten Herrschersitz in der Mitte der Landeshauptstadt angemessen sind.

Forderungen aus der Bürgerschaft

Das „Münchner Diskussionsforum für Entwicklungsfragen e.V.“, veranstaltete am 20. Februar 1998 ein Brainstorming zur Zukunft des Alten Hofs. Daran nahmen fast alle relevanten Experten aus Bürgerschaft, Verwaltung und Politik teil. Neben den Vertretern des Finanzministeriums (angeführt von Staatssekretär Alfons Zeller) waren mit dabei der Landeskonservator Dr. Michael Petzet, der Vorsitzende des Landesdenkmalrates Dr. Erich Schosser MdL, der Leiter des Bayerischen Nationalmuseums Dr. Reinhold Baumstark, Stadtrat Walter Zöller sowie die Landtagsabgeordneten Engelbert Kupka und Constanze Lindner-Schädlich. In dieser Runde betonten die Vertreter des Freistaates Bayern erneut die Absicht, durch die Hereinnahme eines Investors die Inanspruchnahme des Staatshaushalts überflüssig zu machen.

Einen Monat später wurde die Problematik durch Anträge im Bayerischen Landtag sichtbar: Die SPD unter der Führung von Fraktionsvorsitzendem Franz Maget forderte die Staatsregierung auf, „dem Landtag umgehend zu berichten, wel-

Pfister- und Brunnenstock, 1977

che Pläne sie für ihre Sanierung und künftige Nutzung des Alten Hofes in München verfolgt. Insbesondere soll darüber berichtet werden, auf welche Weise bei dem denkmalgeschützten Gebäude Teile erhalten und für eine bürgerfreundliche Nutzung Verwendung finden können" (Drucksache 13/10567 vom 19.3.1998). Die demokratische Konkurrenz erforderte es, dass nun auch die CSU-Fraktion tätig wurde. Am 25. März 1998 stellten CSU-Abgeordnete unter Führung von Ernst Michl, Engelbert Kupka und Dr. Otmar Bernhard den Antrag, den Alten Hof für „urbane Nutzung freizugeben". Strukturell forderte dieser Antrag, dass

- die Eigentümerposition des Staates am gesamten Alten Hof erhalten bleibt und künftigen Nutzern allenfalls ein Erbbaurecht an den Grundstücken eingeräumt wird;
- die künftigen Nutzer die Sanierung des gesamten Objekts sowie die daraus entstehenden Kosten übernehmen;
- im Alten Hof die mit Beschluss des Landtags vom 14.7.1994 geforderte „Fränkische Weinprobierstube" eingerichtet wird;
- vorrangig Modelle entwickelt werden, mit denen auch durch die Nutzungsüberlassung von Teilbereichen zusätzliche Haushaltsmittel *nicht* zur Verfügung gestellt werden müssen.

Dieser Antrag (13/10696 vom 25.3.1998) sollte die weitere Debatte wesentlich bestimmen.

Zunächst ging es hierbei um die teilweise ideologisch überhöhte Frage, ob der Staat ein historisches Gebäude einem privaten Investor übergeben könne. Den Anfang der massiven Einwände dagegen machte der Bayerische Landesdenkmalrat, der am 27. Februar 1998 unter anderem verlautbaren ließ: „Der Landesdenkmalrat hat mit Bestürzung zur Kenntnis genommen, dass der Freistaat Bayern beabsichtigt, den ‚Alten Hof' auf 60 Jahre einem Investor auf Erbpacht zu überlassen, um die Kosten einer dringend notwendigen Generalsanierung des gesamten Gebäudekomplexes von sich abzuwenden."

Der Landesdenkmalrat – geleitet von dem CSU-Abgeordneten Dr. Erich Schosser – wandte sich auch ausdrücklich gegen den Begriff einer „Urbanisierung" des Alten Hofs: „Der eigenwillige Gebrauch dieses Begriffs dient offenbar nur zur Verschleierung der im Grunde gemeinten Vermarktung. [...] Die Zusage des Finanzministeriums, die Qualität des Baus wäre durch Auflagen gegenüber dem Investor gesichert, muss angesichts der von ihm erwarteten Investition als unrealistisch bezeichnet werden."

Diese Argumentation griffen die „Freunde der Residenz e.V." in einem Schreiben an den bayerischen Ministerpräsidenten und an den Landtag vom 9. Mai 1998 auf: „Der Alte Hof ist somit, wie auch die Münchner Residenz und die jüngeren Schlösser Nymphenburg und Schleißheim, in hohem Maße ein würdevolles Symbol der Eigenständigkeit Bayerns als Staat. Aus diesem historischen Grunde, der in der gegenwärtigen Gestalt des Alten Hofs noch spürbar ist, darf man eine sogenannte ‚Urbanisierung' nicht ernsthaft in Erwägung ziehen. [...] Der Freistaat Bayern kann und darf sich der politischen und historischen Verantwortung für den Alten Hof nicht ‚privatwirtschaftlich' entledigen."

Diese Diskussion schlug sich natürlich auch in den Medien nieder. Der Stadtexperte Martin Schäfer befürchtete in der Abendzeitung, dass die Kaiserresidenz eine Art Einkaufszentrum werden könnte, aufgelockert durch Bistros und Boutiquen. Die Süddeutsche Zeitung titelte am 11. März 1998: „Wittelsbacher Palast im Angebot". Dazu hieß es: „Die Diskussion um den Alten Hof wird die Glaubwürdigkeit des immer wieder betonten staatstragenden bayerischen Geschichtsbewusstseins auf die Probe stellen."

Staatsminister Erwin Huber sah sich in dieser Situation am 27. April 1998 genötigt, in einem Interview mit der Süddeutschen Zeitung darauf zu antworten. Er betonte darin, dass der Freistaat Bayern in absehbarer Zeit nicht in der Lage sei, die bis dahin errechneten 40 Mio. DM Sanierungskosten für den Alten Hof aufzubringen. Zum privaten Investor stellte er klar, dass der Freistaat jenem lediglich ein Erbbaurecht einräumen wolle. Erstmalig äußerte der Finanzminister auch die Absicht, dass auf dem Gelände „in Teilen eine öffentliche staatliche Nutzung verbleibt, und zwar in der alten Bausubstanz des Zwinger- und Burgstocks". Die Nutzung durch ein großes Kaufhaus nannte Huber in diesem Interview eine „Schnapsidee". Gleichzeitig betonte er die Bereitschaft, die Landeshauptstadt in jede Phase der Planungen miteinzubeziehen.

Am 16. Oktober 1998 übergab Huber das Amt des Finanzministers an mich. In der Frage des Alten Hofs hatte die Diskussion damals folgenden Stand erreicht: Die CSU-Fraktion des Bayerischen Landtags war gemeinsam mit der Bayerischen Staatsregierung der Auffassung, die Sanierung des Alten Hofs dürfe den Staatshaushalt nicht belasten. Um dies sicherzustellen, solle ein Investor gewonnen werden, der auch die Sanierung übernimmt. Bei der Nutzung sollten nicht ausschließlich private Verwendungszwecke im Blick sein, sondern auch staatliche. Dabei wurde als Beispiel die Landesstelle für die nichtstaatlichen Museen in Bayern genannt.

Bedeutsam war in der zweiten Hälfte des Jahres 1998 vor allem, dass die Zukunft des Alten Hofs nicht nur für die Landeshauptstadt München, sondern für den gesamten Freistaat Bayern ein öffentliches Diskussionsthema war, nachdem über Jahrzehnte hinweg die Wittelsbacher-Herrscherburg in einem sanften Dornröschenschlaf gelegen war.

Chefsache

Natürlich war diese Situation um die älteste Wittelsbacher-Residenz der Landeshauptstadt für den neuen Finanzminister eine besondere Herausforderung. Der November 1998 war durch intensive Gespräche im Finanzministerium mit den fachkundigen Beamten gekennzeichnet – nicht zuletzt, um eine präzise Antwort auf die Landtagsanträge geben zu können. Die schriftliche Stellungnahme wurde am 28. Dezember 1998 dem Landtagspräsidenten Johann Böhm zugestellt. Sie hielt folgende Punkte fest:

- Die staatliche Eigentümerposition am Alten Hof soll erhalten bleiben.
- Der künftige Nutzer muss unter Beachtung der denkmalpflegerischen Auflage die Gesamtsanierung des Alten Hofes übernehmen.
- Das künftige Nutzungskonzept wird zwischen Freistaat Bayern und Landeshauptstadt München abgestimmt.
- Im Alten Hof wird eine „Fränkische Weinprobierstube" eingerichtet.
- Es werden Modelle entwickelt, die die vorgesehene „Urbanisierung" ohne Inanspruchnahme zusätzlicher Haushaltsmittel gewährleisten.

Zudem wurde angemerkt, dass zur Abwehr weiterer Schäden inzwischen die Reparatur des gotischen Dachstuhls auf dem Zwingerstock in Auftrag gegeben worden war. Diese Investition war für die Standfestigkeit des Dachstuhls zwingend geworden. Der Haushaltsausschuss hatte bereits im Juli hierfür 4,7 Mio. DM freigegeben. Bei der fachlichen Beurteilung dieser Sanierung ging es auch darum, ob dieser Dachstuhl ein „kalter" bleiben oder ein „warmer" werden sollte. Es gab nämlich die sicherlich nicht uncharmante Idee, einen „warmen" Dachstuhl so abzudichten, dass der Dachraum für Veranstaltungen genutzt werden könne. Die fachliche Beurteilung wies jedoch eine Reihe von negativen Folgen eines derartigen Vorgehens nach, so dass es beim „kalten" Dachstuhl blieb. Diese vorgezogene Baumaßnahme wurde mit Mitteln aus dem Grundstock vorfinanziert.

Das „Memorandum Alter Hof"

Entscheidend für mich als Finanzminister in dieser wichtigen Münchner Frage war jedoch, dass ich die diffuse öffentliche Debatte und die Komplexität der Aufgabenstellung in einer „Projektgruppe Alter Hof" unter meinem Vorsitz bündeln musste. Ihr gehörten der Landeskonservator, die Münchner Stadtbaurätin, die Spitze der Obersten Baubehörde, der Vorsitzende des Landesdenkmalrates und die fachkundigen Beamten des Finanzministeriums an. Am 21. Dezember 1998 bereits besichtigte dieses Steuerungsgremium den Alten Hof, um alle Mitglieder auf den gleichen Kenntnisstand zu bringen.

Obwohl mein Vorgänger, Finanzminister Erwin Huber, die Debatte bereits ein gutes Stück strukturiert hatte, gab es zum Thema „Alter Hof" noch eine Reihe von Streitpunkten. Da forderten angesehene Professoren (Norbert Huse, Wolf Koenigs, Winfried Nerdinger), „die angekündigte Entlassung des Alten Hofs aus der staatlichen Verwaltung noch einmal zu überdenken". Auch das „Münchner Forum" besetzte dieses Thema hartnäckig mit insgesamt fünf öffentlichen Stellungnahmen, in denen verlangt wurde, das ganze Projekt im Rahmen einer Stiftung zu organisieren, ohne jedoch auf die Machbarkeit einer derartigen Stiftung näher einzugehen.

In dieser Situation schien es mir notwendig, die Diskussion schnell zu beenden. Deswegen nahm ich für die Nachweihnachtstage 1998 alle vorliegenden Akten mit nach Hause und erarbeitete auf dieser Basis ein „Memorandum Alter Hof". Der wesentliche Inhalt dieser Schrift war ein zweistufiges Konzept, das eine Kernsanierung des Zwinger- und des Burgstocks durch den Staat vorsah und daneben die Urbanisierung durch einen Investor ermöglichte. Diesen wollte ich sowohl an quantitative wie qualitative Vorgaben binden. Weiter heißt es in dem Memorandum: „Der Staat behält das Eigentum am gesamten Areal des Alten Hofs. Der Staat behält das *uneingeschränkte* Eigentum an Zwinger- und Burgstock. Die Kosten werden

Der Lorenzistock nach dem Umbau durch Peter Kulka, 2007

über den Erlös aus dem vom Investor eingeräumten Erbbaurecht finanziert. Darüber hinaus werden bauliche Vorgaben festgelegt."

Bezüglich der Nutzung ist formuliert: „Ich bin nachhaltig dafür, dass in den Bereichen Zwinger- und Burgstock überwiegend öffentliche Nutzungen Platz haben sollten." Folgende Nutzungen werden im Memorandum vorgeschlagen:

- Präsentation der Geschichte des Alten Hofs durch das Bayerische Nationalmuseum,
- Informationsstelle für bayerische staatliche und nichtstaatliche Museen,
- Sitz der Landesstelle für die nichtstaatlichen Museen Bayerns,
- zentrale Dienste der Bayerischen Staatstheater,
- milieugerechte Nutzung durch die Bayerische Landesstiftung.

Abgeschlossen wurde dieses zwölfseitige Papier durch einen Zeitplan, der bis zum Oktober 1999 sowohl den Abschluss des Vertrags mit einem Investor als auch den Beginn der Sanierungs- und Umbaumaßnahmen im staatlichen Teil vorsah.

Dieses Memorandum wurde allen Mitgliedern der „Projektgruppe Alter Hof" als Grundlage für die darauffolgenden Gespräche übersandt. Die Funktion des Papieres war also die Zusammenfassung bisher eingebrachter Vorschläge, deren Abrundung durch zusätzliche Ideen und – vor allem – die Bündelung des Entscheidungsprozesses an der obersten Stelle der zuständigen Administration. Erfreulicherweise stimmte die Arbeitsgruppe weitestgehend den im Memorandum formulierten Vorgaben zu. So konnte ich diese Vorstellungen schon am 23. März 1999 im Kabinett vorbringen. Dort wurden als Eckpunkte festgelegt, dass die historisch bedeutsamen Teile, nämlich Zwinger- und Burgstock, im Rahmen einer staatlichen Hochbaumaßnahme zu sanieren sind, dass die Nutzung dieser Teile entsprechend den Memorandumsvorschlägen zu realisieren ist und dass die übrigen Teile des Alten Hofs durch öffentliche Ausschreibung einem privaten Investor im Erbbaurecht zu einer „urbanen" Nutzung überlassen werden.

In meinem Vortrag wurde auch deutlich, dass die Bauexperten die Sanierung des gesamten Alten Hofs mittlerweile mit 90 bis 100 Mio. DM angesetzt hatten, was angesichts der Haushaltslage nicht finanzierbar war. Allein die Kosten für die Hochbaumaßnahme an Burg- und Zwingerstock wurden mit 30 Mio. DM veranschlagt.

Die Zustimmung des Ministerrats zu meiner Vorlage war der Startschuss für alle weiteren Maßnahmen. Zwingend notwendig waren nun die Erarbeitung einer Ausschreibung für einen Investor, die umfassende Abstimmung mit der Landeshauptstadt München, die Konkretisierung der Ansprüche der Nutzer „im staatlichen Bereich" sowie die laufende Rückkoppelung mit dem Landtag und der Öffentlichkeit. Hilfreich für den Fortgang und die Dynamik der Arbeiten war der Umstand, dass Staat und Stadt gewillt waren, im Sommer 2003 eine große Feier zum (angeblich) 750. Jubiläum des Alten Hofs zu veranstalten, auch wenn dieser Zeitdruck im Einzelnen Probleme mit sich brachte.

Die „Fränkische Weinprobierstube"

Die Diskussion um eine „Fränkische Weinprobierstube" im Alten Hof geht weiter zurück als die Debatte um die allgemeine „Urbanisierung" dieser Anlage. Sie begann mit einem Vertrag: Der Freistaat Bayern verpachtete am 19. September 1968 die noch auszubauenden gotischen Kellerräume im Zwingerstock an die Genossenschaft Rheinpfälzer Qualitätsweingüter GmbH in Mußbach an der Weinstraße „zum Betrieb einer Weinstube". Es waren also die Pfälzer, die zuerst im Alten Hof präsent sein konnten. Dieser Vertrag wurde jedoch bereits am 29. Oktober 1970 einvernehmlich wieder aufgehoben, da zweierlei fehlte: Geld für die Ausbaukosten des Kellerlokals und KFZ-Stellplätze für die Besucher des Lokals. Die Regierung von Oberbayern hatte nämlich die Zustimmung zum Ausbau der gotischen Kellerräume von der vorherigen Errichtung einer zweistöckigen Tiefgarage abhängig gemacht – eine praktisch nicht erfüllbare Forderung! Man möchte fast vermuten, dass in der Regierung damals ein mainfränkischer Beamter am Werk war.

Inzwischen waren aber auch die Franken schon auf diese Immobilie aufmerksam geworden: Mit Schreiben vom 17. Februar 1970 meldete die Gebietswinzergenossenschaft Franken GmbH Interesse an einer Pachtung von Teilen des Alten Hofs für die Einrichtung eines fränkischen Weinrestaurants an. Dann war lange nichts mehr zu hören. Erst die bayerische Staatskanzlei griff diese Idee in ihrem Schreiben vom 22. Mai 1979 wieder auf. Das Finanzministerium wies jedoch im Juli des gleichen Jahres diesen Vorschlag zurück. Auch die Oberfinanzdirektion München beurteilte eine etwaige Einrichtung einer Weinprobierstube im Alten Hof noch im Jahr 1993 negativ unter Hinweis auf ungeklärte Fragen bei der baurechtlichen Zulässigkeit, beim Denkmalschutz, bei der Stellplatzverpflichtung und der Finanzierung. Zudem wurden zu dieser Zeit die begehrten Räume von der EDV-Stelle zur Schulung genutzt.

Da aber Wein und Politik bekanntermaßen große Nähe haben, trat nun der Landtag in dem Weinstuben-Wettstreit in den Ring. Auf Antrag der SPD-Abgeordneten Gustav Starzmann und Kollegen beschloss der Bayerische Landtag am 14. Juli 1994: „Die Staatsregierung wird aufgefordert, die Einrichtung einer fränkischen Weinprobierstube in München zu unterstützen. Hierfür soll möglichst ein staatliches historisches Gebäude zur Verfügung gestellt werden.“ Mit diesem Antrag lag die „existenzielle“ Frage einer fränkischen Weinstube auf dem Tisch des Finanzministers. Dessen Staatssekretär Alfons Zeller wehrte mit Schreiben vom 26. Juli 1995 an den Landtagspräsidenten Johann Böhm das Begehren ab: „Freie Räume, die für Verwaltungszwecke nicht benötigt werden und die den Ansprüchen einer Weinprobierstube genügen, stehen im staatlichen Grundbesitz derzeit nicht zur Verfügung. Nach augenblicklichem Kenntnisstand ist kaum damit zu rechnen, dass entsprechende Räumlichkeiten kurzfristig disponibel werden.“ Im Übrigen wies der Staatssekretär darauf hin, dass bereits im Februar 1994 eine fränkische Weinprobierstube im Ratskeller in München eröffnet worden sei. Doch merkte er an, dass der Freistaat Bayern gleichwohl bei dem fränkischen Weinbauverband mehrfach nachgefragt habe, ob die Rathaus-Weinprobierstube dem Verband ausreiche. Da der Verband dies verneint habe, werde sich der Freistaat weiterhin um die Bereitstellung geeigneter Räumlichkeiten bemühen.

Nachdem klar war, dass das Zentralfinanzamt aus dem Komplex des Alten Hofes ausziehen würde, wurde diese Bemühung schnell erfolgreich. Anfang 1999 konnte ich dem Haushaltsausschussvorsitzenden des Bayerischen Landtags, Manfred Ach, mitteilen, dass „im Zusammenhang mit einer teilweisen Urbanisierung des Alten Hofs in München […] auch eine fränkische Weinprobierstube eingerichtet werden soll. Es ist vorgesehen, die Weinprobierstube im Zwingerstock in den Räumen der derzeitigen Kantine des Zentralfinanzamtes sowie den unter der Kantine liegenden Gewölben unterzubringen (Gesamtfläche 1.153 qm, Hauptnutzfläche 851 qm).“

Allerdings gab es dabei noch Probleme: Überraschenderweise erklärte sich der *Fränkische Weinbauverband e.V.* in Würzburg wirtschaftlich und personell außerstande, selbst als Pächter aufzutreten. Dies war aber die Vorstellung des Finanzministeriums, da man so eine ähnliche Regelung herbeiführen wollte, wie sie für die Pfälzer Weinstube in der Residenz realisiert worden war. Der *Landesverband der Pfälzer in Bayern e.V.* hatte dort die Räumlichkeiten vom Freistaat Bayern angemietet und einen Geschäftsführer zur Leitung des Betriebs eingesetzt. Genau dasselbe sollte nun auch im Alten Hof mit dem Fränkischen Weinbauverband gelingen. Um dies zu erreichen, bat ich den in Margetshöchheim bei Würzburg lebenden Haushaltsausschussvorsitzenden Manfred Ach, gemeinsam mit den Abgeordneten Barbara Stamm, Dr. Günther Beckstein, Michael Glos und Franz Brosch auf den fränkischen Verband einzuwirken. Das führte am 18. April 1999 zu einem Gespräch dieser Abgeordneten mit dem Präsidenten des Fränkischen Weinbauverbandes Andreas Oestemer sowie dessen Vizepräsidenten Preisinger und Schmidt. Ach wies in diesem Gespräch vor allem darauf hin, dass die Zeit drängt, da bereits am 19. Mai 1999 die Hochbauvorlage für den historischen Teil Zwinger- und Burgstock im Haushaltsausschuss des Landtags behandelt werden solle. Oestemer seinerseits machte auf die wirtschaftlichen Risiken für den Weinbauverband aufmerksam, gab jedoch letztlich dem Druck nach und schloss den Pachtvertrag ab. Das Ergebnisprotokoll stellt fest: „Präsident Oestemer wird sobald als möglich einen neuen Beschluss des Verbandes herbeiführen."

Mit dem Pachtvertrag zwischen dem Freistaat Bayern und dem Fränkischen Weinbauverband e.V. war die Angelegenheit jedoch noch nicht erledigt: Der Weinbauverband musste sich einen Betreiber suchen. In einer offenen Ausschreibung gewann diesen Wettbewerb die unmittelbar benachbarte Firma Dallmayr, welche die Unterpacht zwei Geschäftsführern übertrug.

Erstaunlicherweise sind die fränkischen Weinstuben im Alten Hof („Restaurant Alter Hof") bis heute nicht so populär und erfolgreich geworden wie die Pfälzer Weinstuben in der Residenz. Das hat sicherlich nichts mit der Qualität des Weines zu tun, wohl aber mit der etwas zurückgesetzten Lage des Zwingerstockes hinter dem Dallmayr-Gebäude.

Das „Gesamtnutzungskonzept“

Stadtbaurätin Christiane Thalgott und der Münchner Stadtrat forderten ebenso wie das „Münchner Forum“ vom Freistaat Bayern in den Jahren 1998/99 ein „Gesamtnutzungskonzept“, ein verständliches Vorgehen, da sich die Stadt nicht damit zufrieden geben konnte, dass der Staat die Nutzungen lediglich im staatlichen Bauteil definierte, die im sogenannten Investorenteil aber im Ungefähren ließ. Die Stadt machte daher ihre Zustimmung von einer Gesamtsicht auf den Baukomplex abhängig.

Bei der Formulierung eines derartigen Konzeptes ergab sich folgendes Problem: Einerseits wollte der Freistaat für den historischen Teil, Zwinger- und Burgstock, die Baumaßnahmen zügig in Angriff nehmen, um bis spätestens Sommer 2003, also zur 750-Jahr-Feier des Alten Hofs, damit fertig zu sein. Andererseits war bezüglich des Investorenteils (Brunnen-, Pfister- und Lorenzistock) ein erheblicher Zeitaufwand für die Ausschreibung sowie die baulichen Maßnahmen vonnöten. Ein „Gesamtnutzungskonzept“ im Jahr 1999 musste also zwingendermaßen trotz staatlicher Vorgaben den Charakter der Unbestimmtheit für den Investorenteil beinhalten. Es war daher fraglich, ob die Landeshauptstadt München die in der Stadtratssitzung vom 21. Juli 1999 aufgestellte Forderung nach einem Gesamtkonzept durch die Vorlage eines zum Teil unbestimmten Konzepts für erfüllt erachte.

Mit Schreiben vom 31. Januar 2000 habe ich deshalb an Oberbürgermeister Christian Ude noch einmal appelliert: Wenn der für diese Baumaßnahme ins Auge gefasste Fertigstellungstermin, 750 Jahr-Feier des Alten Hofs im Jahr 2003 eingehalten werden soll, muss Mitte des Jahres 2000 mit den Arbeiten begonnen werden. Tatsächlich hat daraufhin die Landeshauptstadt München meiner Bitte Folge geleistet und das 28seitige Nutzungskonzept akzeptiert.

Ausschreibung und Zuschlag

Auf diese Weise konnte der Staat rechtzeitig mit den Baumaßnahmen für den Burg- und den Zwingerstock beginnen und für den Investorenteil die Ausschreibung starten. Hierzu bat der Landesdenkmalrat, ihn an der Formulierung des Ausschreibungstextes zu beteiligen und mit dieser Aufgabe sein Mitglied, Professor Dr. Otto Meitinger, zu betrauen.

So wurde im Oktober 2000 der Investoren-Wettbewerb in die Wege geleitet. Er war überschrieben: „Ein Konzept- und Preiswettbewerb“. Auswahlkriterium war also nicht nur der vom Investor gebotene Preis, sondern auch die Akzeptanz der Nutzungskonzeption für den Investorenteil. Das führte zu einem zweistufigen

Verfahren, das in einem internen Vermerk wie folgt beschrieben wurde: „Das oder die ausgewählten Nutzungskonzepte müssen deshalb durch den Staat angekauft und zum Gegenstand einer weiteren Ausschreibung gemacht werden. Dadurch erhalten alle interessierten Investoren noch einmal Gelegenheit, ein Preisangebot auf der Grundlage des oder der ausgewählten Nutzungskonzepte abzugeben. In diesem Verfahren entscheidet dann nur noch der Preis."

Die Ausschreibung war öffentlich und ohne Teilnahmebeschränkung. Für die Entwicklung eines Konzeptes zum nichtstaatlichen Teil des Alten Hofs wurde ein Nutzungsmix als möglich angesehen. Dieser beinhaltete: Einzelhandel, Dienstleistung, Gastronomie (einschließlich Hotel/Tagungshotel), Kultur und Kunst, Wohnen sowie Büro. Für die Erbpacht wurde eine Laufzeit von 65 Jahren vorgegeben. Als Verwendungspflicht wurden ein Baubeginn spätestens zwei Jahre nach Vertragsabschluss und eine Fertigstellung innerhalb weiterer drei Jahre festgelegt. Als Grundlage hierfür wurde das vorgelegte Gesamtnutzungskonzept für den Alten Hof, das von der Vollversammlung des Stadtrates am 5. April 2000 gebilligt worden war, bestimmt.

Zur Frage, was an vorhandener Bausubstanz erhalten werden müsse, wurde festgehalten, dass die des Pfisterstocks samt Münzbogen aus den Jahren 1957–1960 zur „Disposition für den Investor" stehe. Bezüglich des Brunnenstocks konnte über den nördlichen Teil (Kassenhalle) frei verfügt werden, beim südlichen Teil war aber die Beibehaltung der Fassadenstruktur aus denkmalpflegerischer Sicht vorgegeben. Der Lorenzistock wurde ausdrücklich nicht zum Abriss freigegeben, da er zum historischen Bestand des Alten Hofs gehöre. Alle dortigen Baumaßnahmen seien deshalb mit der unteren Denkmalschutzbehörde der Landeshauptstadt abzustimmen.

Der öffentlichen Ausschreibung folgten insgesamt elf Firmen bzw. Bietergemeinschaften. Die vorgelegten Angebote ließen sich dabei in zwei Grundvarianten gliedern: Zum einen gab es konventionelle Konzepte mit Nutzung für Wohnen, Büros, Praxen, Läden und Gastronomie, zum anderen solche, die eine überwiegende Hotelnutzung vorsahen. Erstaunlicherweise gab es nur zwei Angebote der Variante eins, alle übrigen schlugen Fünf-Sterne-Hotels vor. Zwei Bieter mussten aus formalen Gründen zwingend ausgeschlossen werden.

Die Verknüpfung von Nutzerkonzept und Preisangebot führte dann zu einer engeren Auswahl von drei Angeboten: der GU Wirtschaftliches Bauen GmbH, der BOUYGUES Deutschland und der Bayerischen Hausbau GmbH (Schörghuber). Dieser mit einem Nutzungsmix 46,8 % Büro, 26 % Wohnen, 14 % Läden und 12,7 % Dienstleistung wurde letztlich der Zuschlag erteilt. Dieses Angebot veranschlagte für die Konzeptumsetzung 90 Mio. DM.

Diese Wahl habe ich in einer Pressekonferenz mit folgenden fünf Punkten begründet:

- Das Angebot entspricht dem Nutzungsmix in der Zielsetzung der Landeshauptstadt München.
- Die vorgesehene Baumasse von 19.400 qm hält sich gegenüber anderen Konzepten in einem verträglichen Rahmen.
- Das Konzept wird vom Landesamt für Denkmalpflege positiv beurteilt.
- Der breite Konsens zu diesem Konzept verspricht die beste Realisierungschance.
- Letztlich stimmt auch das wirtschaftliche Ergebnis.

Tatsache ist, dass das erzielte Resultat zustande kam, nachdem sechs Bewerber von der Möglichkeit einer Nachbesserung Gebrauch gemacht und fünf Bewerber sogar im Rahmen von Angebotsverhandlungen mehrfach nachgebessert hatten. Dies weist darauf hin, dass es einen intensiven und transparenten Wettbewerb gab. Mit Schreiben vom 4. Januar 2002 bestätigte die Bezirksfinanzdirektion München der Bayerischen Hausbau GmbH den erfolgten Zuschlag.

Das Ergebnis der Ausschreibung stellte viele zufrieden. So kommentierte Stadtrat Wolfgang Czisch: „Wir sind zufrieden mit dem Ergebnis des Symposiums, das die Bayerische Hausbau über ihre Planungen veranstaltet hat, hoffen aber, dass es nicht bei Lippenbekenntnissen bleibt.“ Gleichwohl wurde immer noch kritisiert, dass der Alte Hof in einen Investorenbereich und in einen staatlichem Bereich geteilt worden war: „Die Architekten bedauern einhellig die faktisch vollzogene Zweiteilung eines Denkmals, das nur als Einheit erlebbar ist“ (Christoph Wiedemann in der SZ vom 26.9.2002).

Diese Kritik nehme ich aus heutiger Sicht sehr ernst. Die Zweiteilung war ein Gebot der damals extrem knappen Haushaltssituation. In den guten Haushaltsjahren ab 2012 hätten wir eine andere Ausgangslage gehabt. Ich bin mir ziemlich sicher, dass wir bei optimalen Haushaltsverhältnissen ein gesamtstaatliches Projekt realisiert hätten, bei dem auch mehr Kultur in den heutigen Investorenteil integriert worden wäre. Aber: Politik muss sich an den Gegebenheiten orientieren und auf dieser Basis entscheiden. Mit dem von der Bayerischen Hausbau vorweg in drei Raten bezahlten Erbpacht-Betrag von 26,016 Mio. Euro konnte der Freistaat Bayern damals sofort den staatlichen Teil sanieren. Ohne die kritisierte Aufteilung hätte der Alte Hof noch sicherlich zehn weitere Jahre in einem Dornröschenschlaf gelegen und wäre noch mehr heruntergekommen.

Vertragsgemäß erfolgten bis 2007 nach Entwürfen des Architektenbüros Auer + Weber der Neubau des Brunnen- und des Pfisterstocks sowie nach Plänen des Architekten Peter Kulka die Entkernung und Erhöhung des Lorenzistocks.

Rokoko und Szenenwechsel

Das Cuvilliés-Theater

Das Theater, das heute den Namen seines Architekten, François Cuvilliés d.Ä. (1695–1768), trägt, gilt als ein Hauptwerk des bayerischen Rokoko. Angesichts dieser kunsthistorischen Würdigung ist allerdings festzustellen, dass vom einstigen Gesamtkunstwerk des Rokoko aus dem 18. Jahrhundert einzig die in Holz geschnitzten, farbig gefassten Rangeinbauten des Zuschauerraums erhalten sind.

Das hängt nicht nur mit der weitgehenden Zerstörung des Theaterbaues im Zweiten Weltkrieg zusammen. Vielmehr waren und sind Theater als Orte der Inszenierung auf der Bühne wie im Publikum in hohem Maß dem Wandel der Gesellschaft, des Zeitgeschmacks und der Mode, aber auch der technischen Möglichkeiten unterworfen. Dies spiegelt das heute als Museum zugängliche, aber auch für Aufführungen und Veranstaltungen nutzbare Theater in besonderer Weise wider.

◁ *Zuschauerraum, Blick auf Proszeniumsarchitektur und Bühne; 1958/2008*

Sabine Heym

Die Geschichte des Theaters

Die Oper: Gesamtkunstwerk und Herrschaftsinszenierung

Die Gattung der Oper entstand um 1600 in Italien. Vom Hof der Medici in Florenz aus entwickelte sie sich im Lauf des 17. Jahrhunderts zur führenden Kunstform, vereinte doch sie allein in den Augen der Zeit Musik, Dichtung, Schauspielkunst, Tanz, Kostüme, Bühnenbild und -maschinerie zu einem Gesamtkunstwerk. Auch wenn etwa in Venedig seit den 30er Jahren des 17. Jahrhunderts bereits öffentliche, kommerziell betriebene Opernhäuser entstanden, waren Opernaufführungen an den großen europäischen Residenzen – schon allein wegen der immensen Kosten für den Bau und Betrieb eines Opernhauses sowie laufende Neuinszenierungen – ein Privileg der Fürsten. Die Oper wurde ein wesentlicher Aspekt der Repräsentation und ein fester Bestandteil des Zeremoniells an den absolutistischen Höfen. Dort war sie bis Ende des 18. Jahrhunderts der höfischen Gesellschaft vorbehalten. In der Architektur des Zuschauerraums spiegelten die in mehreren Rängen übereinander angelegten Logen die Hierarchie der Hofgesellschaft wider. Adel und Hofbeamte nahmen ihre Plätze ihrem Rang einsprechend ein. Dem Herrscher war die gegenüber der Bühnenöffnung im Scheitel der Rangarchitektur besonders prächtig gestaltete Fürstenloge vorbehalten. Von dort bot sich eine optimale Sicht auf das perspektivisch angelegte Bühnenbild; nur von diesem Platz aus konnte die Illusion des Bühnengeschehens vollkommen wahrgenommen werden. Zugleich stand der Herrscher auch während der Aufführungen im Mittelpunkt des Interesses, denn der Zuschauerraum blieb, wie die Bühne, mit Kerzen oder Öllampen erleuchtet und die Fürstenloge konnte uneingeschränkt eingesehen werden. Wesentliche Aufgabe der barocken Oper war es, durch dem Götter- oder Heroenkult verpflichtete Themen der Opernhandlung die Apotheose des Herrschers mit möglichst großem Aufwand zu zelebrieren. Auch wenn die „repraesentatio maiestatis“, die Veranschaulichung der Erhabenheit und der Macht des Fürsten, im Zeitalter des Rokoko ihre Dominanz verlor und sich die Inhalte der Handlung und die pompösen Inszenierungen wandelten, blieb die Oper bis zur Aufklärung eine exklusive, allein der Hofgesellschaft vorbehaltene Festveranstaltung. Die „opera seria“ war weiterhin anlässlich großer Hof- und Staatsereignisse unentbehrlich, ihre Aufführung nach wie vor fester Bestandteil des Hofkalenders.

Eine erste opernartige Aufführung am bayerischen Kurfürstenhof, eine „comoedia in musica", fand 1651 im St. Georgssaal der Neuveste, der nicht mehr erhaltenen mittelalterlichen Burg und Keimzelle der heutigen Residenz, statt. Damals gab Kurfürst Maximilian I. von Bayern (reg. 1598–1651) im Hinblick auf die Hochzeit des Erbprinzen Ferdinand Maria mit Henriette Adelaide von Savoyen einen Theaterneubau in Auftrag, den der Architekt Marx Schinnagl bis 1654 in der Nähe der Residenz, am heutigen Salvatorplatz, errichtete. Das war das erste freistehende barocke Hofopernhaus Deutschlands. 1657 wurde dessen Bühnentechnik von einem Italiener namens Francisi auf den neuesten Stand gebracht.

1750: Ein „Neues Opera Hauß"

Am 5. März 1750 zerstörte ein verheerender Brand weite Teile der Münchner Residenz, darunter auch den unter Herzog Albrecht V. (reg. 1550–1579) prächtig ausgestalteten St. Georgssaal der Neuveste, den man auch für Opernaufführungen nutzte, weil das zuletzt 1685/86 von italienischen Theaterarchitekten und Bühnenbildnern modernisierte Salvatortheater in schlechtem Zustand war. Da dieses barocke Opernhaus zudem nicht mehr dem Geschmack der Zeit entsprach, erteilte Kurfürst Max III. Joseph (reg. 1745–1777) unmittelbar nach der Brandkatastrophe den Auftrag, ein „Neues Opera Hauß" zu errichten. Der unbestreitbare Luxus dieses Bauprojekts – insbesondere angesichts der bescheidenen finanziellen Ressourcen des Kurfürstentums nach den von seinen machtpolitisch ambitionierten Vorgängern begonnenen, aber verlorenen Kriegen – darf nicht als persönliche Marotte des musikalischen, selbst die Gambe spielenden Max III. Joseph betrachtet werden. Der Wittelsbacher Hof in München konnte im Wettbewerb mit anderen bedeutenden Höfen nicht auf die Oper als gesellschaftlichen und künstlerischen Höhepunkt der Hofkultur verzichten.

Zunächst musste ein geeigneter Bauplatz gefunden werden. Die Hofoper sollte in unmittelbarer Nachbarschaft zur kurfürstlichen Residenz liegen, um dem Herrscher und der Hofgesellschaft einen direkten und bequemen Zugang zu ermöglichen. Auch sollte das Theater möglichst frei stehen, denn durch offenes Licht und Feuer, also die Beleuchtung mit Hunderten von Kerzen, die Heizung durch Öfen und Kamine und den „Feuerzauber" auf der Bühne, war es ständiger Brandgefahr ausgesetzt. Diese Anforderungen konnten im Bereich des mit Wasser gefüllten Hofgrabens im Südosten der Residenz erfüllt werden, dem Ort, wo heute zwischen dem Königsbau der Residenz und dem Nationaltheater am Max-Joseph-Platz das „Residenztheater" des Bayerischen Staatsschauspiels steht.

Ansicht der Residenz von Osten mit (v.l.n.r.) dem Hof- und Nationaltheater, dem Cuvilliés-Theater und den nach dem Brand von 1750 provisorisch wiederhergerichteten Residenztrakten (Neuveste); Domenico Quaglio, 1826

Hier konnte das neue Opernhaus, das – da nicht öffentlich zugänglich – keine Fassade hinter dem damals noch am heutigen Platz situierten Franziskanerkloster benötigte, direkt von den Wohn- und Repräsentationsräumen des Palastes über ein Treppenhaus, das vom Brunnenhof der Residenz zum so genannten Schwarzen Saal hinaufführte, erreicht werden.

Angesichts der repräsentativen Bedeutung der Oper hätte der bayerische Kurfürst sicher auch gerne ein Mitglied der Familie Galli Bibiena – hochspezialisierte italienische Theaterarchitekten und gefeierte Bühnengestalter – verpflichtet, wie Markgräfin Wilhelmine von Bayreuth, die Schwester Friedrichs des Großen, kurz zuvor für das Markgräfliche Opernhaus in Bayreuth (1746–1750). Wahrscheinlich waren sie aber für München schlicht zu kostspielig. Vielleicht griff man nicht nur aus finanziellen Erwägungen auf den eigenen Hofarchitekten François Cuvilliés d. Ä. und die Münchner Hofkünstler zurück, sondern auch, weil man, dem sich wandelnden Charakter der Hofoper entsprechend, für das Haus anstelle des langsam etwas überholt wirkenden italienischen Hochbarock ein moderneres Ambiente wünschte. Die Bühne überließ man dem seit 1749 als Hoftheatermaler angestellten Giovanni Paolo Gaspari (1712–1775), der vorher als Theaterdekorateur am Hof von Bayreuth und in Erlangen unter dem Einfluss der Galli Bibiena gearbeitet hatte.

Rocaille mit Satyrkopf am Eingangsbogen des Theaters unter der Kurfürstenloge, 1958/2008

François Cuvilliés d.Ä.: Schöpfer des höfischen Rokoko

François Cuvilliés wurde am 23. Oktober 1695 in dem wallonischen Landstädtchen Soignies im belgischen Hennegau, damals Teil der Spanischen Niederlande, geboren. 1706, noch nicht einmal elf Jahre alt, fand er ein Unterkommen am Hof des bayerischen Kurfürsten Max Emanuel (reg. 1679–1726), der nach der Niederlage im Spanischen Erbfolgekrieg 1704 bei Höchstädt ins Exil gehen musste und damals in Mons Hof hielt. Bald fiel das besondere zeichnerische Talent des zunächst als Hof- und Kammerzwerg besoldeten schmächtigen Knaben auf. Nach der Rückkehr Max Emanuels nach München 1715 erhielt Cuvilliés eine Anstellung als „dessinateur" beim Hofbauamt und konnte von 1720 bis 1724 in Paris die französischen Architekturprinzipien und die aktuellen Innenraumgestaltungen studieren. Zurück am Münchner Hof, stieg er rasch zum maßgeblichen Architekten und Raumgestalter auf. Zusammen mit den ausführenden Kunsthandwerkern, den Schnitzern, Stuckateuren und Vergoldern, schuf Cuvilliés, insbesondere mit den Reichen Zimmern in der Residenz für Kurfürst Carl Albrecht von Bayern (reg. 1726–1745) und mit der Amalienburg für dessen Gemahlin im Nymphenburger Schlosspark, Raumkunstwerke, in denen die Dekoration – ausgehend von französischen Vorbildern – zunehmend raumgestaltende, bildhafte Funktion und das Ornament durch die Bereicherung mit figürlichen und gegenständlichen Motiven einen unerschöpflichen Formenreichtum gewann. Die Entwicklung dieses spezifisch süddeutschen, höfischen Rokoko wurde allerdings von der Besetzung Bayerns durch österreichische Truppen nach der Krönung Carl Albrechts zum römischen Kaiser 1742 jäh unterbrochen. Cuvilliés und sein bewährtes Team von Künstlern und Kunsthandwerkern erhielten vorerst keine Aufträge mehr vom Münchner Hof.

In dieser Zeit studierte Cuvilliés intensiv französische Ornamentstichwerke, in denen der aus Frankreich stammende, so gennannte „style rocaille" (1730–1745) verbreitet wurde. Die *Rocaille*, die dem Rokoko später seinen Namen gab, ist eine nicht eindeutig zu beschreibende, rhythmisch bewegte Ornamentform, die bald Rahmen für kapriziöse Szenen war, bald architektonische Kulissen ersetzte. Durch Cuvilliés wurden die Künstler in Süddeutschland mit dieser neuen Stilrichtung vertraut. Im Gegensatz zu Frankreich, wo die Rocaille auf Zeichnung und Graphik beschränkt blieb, entwickelte sie sich in Bayern – in Stuck und Schnitzerei dreidimensional ausgeführt – zur führenden Gattung der Raumdekoration.

Der Bau: Grundriss und Raumgestalt

1749 hatte François Cuvilliés d.Ä. für den künftigen Landgrafen Wilhelm VIII. von Hessen-Kassel ein „Komödienhaus" geplant. Die Entwürfe für dieses nie gebaute kleine Theater zeigen bereits grundsätzliche Elemente, die Cuvilliés in dem größeren Münchner Opernhaus – dem höheren Rang des Auftraggebers entsprechend – steigerte. Gut ein Jahr nach dem großen Residenzbrand wurde am 9. Juli 1751der Grundstein gelegt. Am 25. September 1752 war der Bau bereits so weit unter Dach, dass das Richtfest gefeiert und mit der Innenausstattung begonnen werden konnte. Am 12. Oktober 1753, dem Namenstag des Kurfürsten, wurde das Haus mit der Festoper „Catone in Utica" von Giovanni Battista Ferrandini (1710–1791) eröffnet. Das Theater war zu diesem Zeitpunkt zwar bespielbar, aber noch nicht ganz fertig. Bau- und Ausstattungsarbeiten im Bereich der Bühne und der Nebenräume zogen sich noch bis Anfang Mai 1755 hin.

Den massiven Baukörper des Opernhauses mit einem hohen, gestuften Mansardwalmdach stattete Cuvilliés aus Brandschutzgründen mit besonders dicken Außenmauern und einem Druckwerk unter dem Gebäude aus, das im Notfall Wasser bis in den Dachstuhl pumpen sollte. Ein Grundriss und ein Schnitt von 1770/71 überliefern die räumliche Disposition. Der tiefen Bühne und dem kleineren, hufeisenförmig angelegten Zuschauerraum sind die Nebenräume für Bühnenmaler und

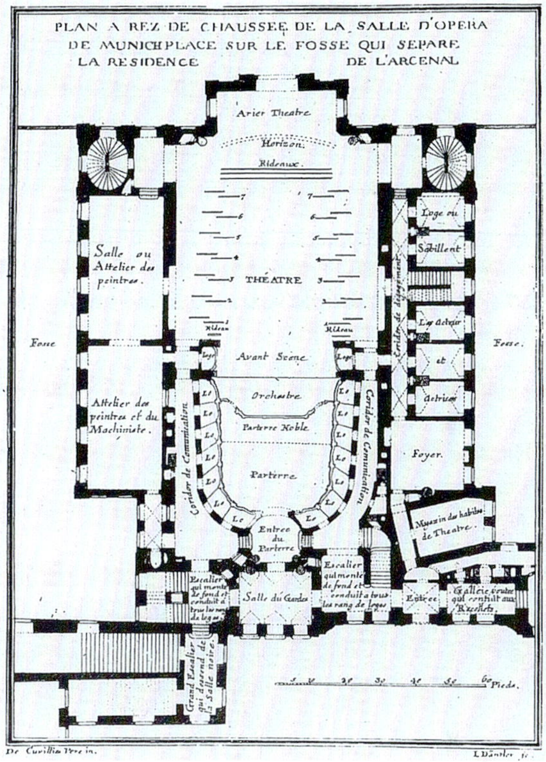

Grundriss des Cuvilliés-Theaters nach François Cuvilliés d.Ä. von L. Däntler, um 1770/71

Maschinisten, die Künstlerzimmer und Kostümmagazine geschickt zugeordnet. Über ein zentrales Foyer („Salle du Gardes") betrat man das Theater. Zwei Treppenhäuser führten beiderseits zu den die Zuschauerränge in allen vier Geschossen hinterfangenden Gängen. Vom Foyer gelangte man unter der Kurfürstenloge hindurch ins Parterre, in dem es – im Gegensatz zu heute – weder einen Orchestergraben noch eine feste Bestuhlung gab. Über dem Foyer befand sich, der Kurfürstenloge vorgelagert, ein Empfangssalon. Im Keller unter dem Zuschauerraum war eine Hebekonstruktion eingebaut, mit deren Hilfe der geneigte Fußboden auf die Höhe des Bühnenniveaus gehoben werden konnte, wodurch ein einheitlicher, die Bühne wie den Zuschauerraum umfassender Festraum entstand. Gleichzeitig dienten der verstellbare Parkettboden und die Holzkonstruktion der Logenränge als großer Resonanzraum. Das hohe Bühnenhaus ermöglichte den Wechsel der von oben herabhängenden Dekorationen (Sofitten). Der Bühnenraum war mit jeweils zwei seitlichen Kulissen in sieben gestaffelten Gassen hintereinander ausgestattet, die auf Schienen im Bereich der Unterbühne gewechselt wurden. Rückwärtig konnten mehrere größere Prospekte („Rideaux“) gezeigt, aber auch entfernt werden, um den Blick auf eine den Raum erweiternde Hinterbühne freizugeben, die wiederum fallweise mit einem seinerzeit hochmodernen konkaven „Horizont“ abschloss.

An der überaus reichen Ausstattung des Zuschauerraums mit Kurfürstenloge, vier Logenrängen und zweigeschossigem Proszenium war ein erlesener Stab der besten Münchner Hofkünstler mit ihren Werkstätten beteiligt: der Hofkistler Johann Adam Pichler (gest. 1761), die Bildhauer Johann Joachim Dietrich (1690–1753) und Johann Baptist Straub (1704–1784). Johann Baptist Zimmermann (1680–1758) malte das Deckenfresko, das gemäß einer knappen historischen Beschreibung farbenreich in einem licht sich öffnenden Himmel olympische Götter darstellte – wohl ähnlich jenem noch erhaltenen, drei Jahre später von ihm gemalten Deckenbild im Steinernen Saal von Schloss Nymphenburg.

Der Zuschauerraum: Theater im Theater

Das „Grundgerüst“ der Raumgestaltung bilden die Ränge und Logen. In der Mittelachse, dem mit dem kurfürstlichen Wappen versehenen Bühnentor entgegengesetzt, liegt in Höhe des ersten und vornehmsten Rangs die Kurfürstenloge, die von zwei Atlantenhermen, traditionellen Würdemotiven, gestützt wird. Die ursprünglich komplett verspiegelte Loge des Herrschers zeigt den reichsten Schmuckaufwand. Vergleichbar sind ihr nur die beiden großen, durch Kolossalsäulen aus Stuckmarmor mit korinthischen Kapitellen ausgezeichneten Proszeniumslogen, die zwischen Zuschauerraum und Bühne vermitteln. Der überbordende figurale, florale und ornamentale Schmuck der Logenverkleidungen ist dabei mehr als bloße Dekoration: So stellen die Hermen des ersten Ranges – paarweise angeordnete weibliche und männliche Gestalten – nicht nur fröhlich gestimmte Faune oder Bacchantinnen dar, sondern verkörpern durch die ihnen zugeordneten Schmuckmotive – Blüten, Ähren, Weintrauben und Eiszapfen – die Jahreszeiten. Ergänzt wird das Programm der Logendekoration durch Personifikationen der Tageszeiten, der Elemente, der irdischen Reichtümer und der damals bekannten Erdteile sowie durch Embleme mit Attributen der dargestellten Personifikationen und einer Auswahl entsprechender Musikinstrumente.

Trotz der verwirrend erscheinenden Vielfalt der Dekoration liegt dieser eine klare inhaltliche wie gestalterische Ordnung zugrunde. Verbindendes Element ist die Rocaille, die in einer wellenartigen Bewegung den Blick von einer Loge zur nächsten führt. Diese phantasievolle Ornamentform hat in dieser Stilstufe des Rokoko einen so hohen Eigenwert erlangt, dass sie als Hauptmotiv die Logenwände belebt, die figürlichen Darstellungen als Träger mehrdeutiger Inhalte

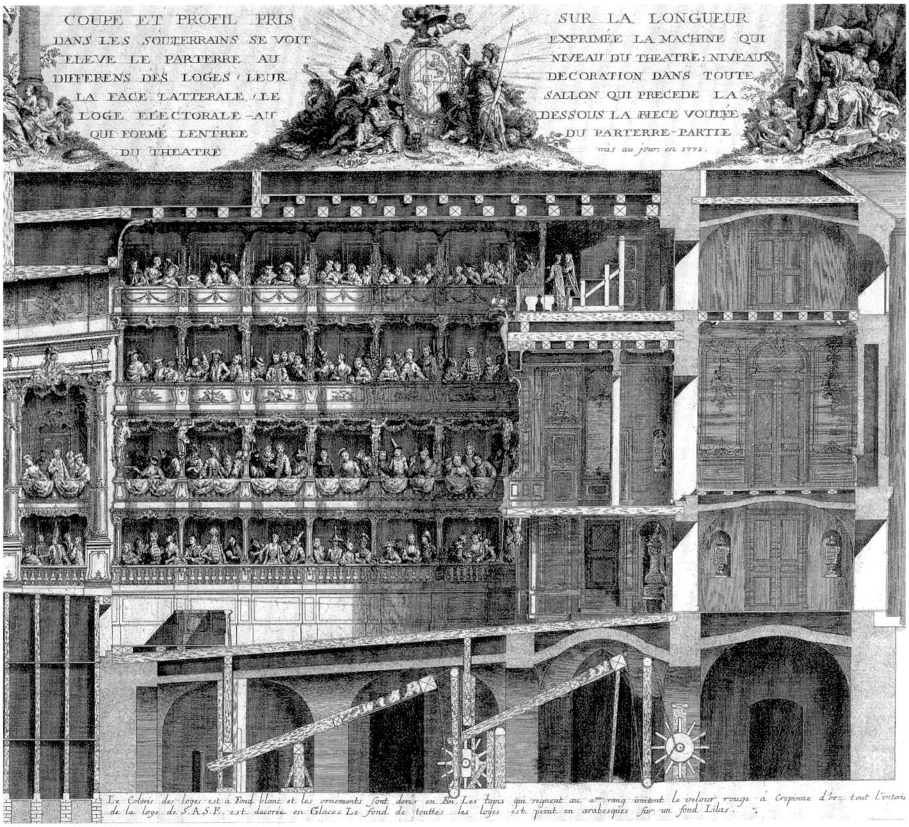

Längsschnitt des Cuvilliés-Theaters nach François Cuvilliés d.Ä. von Valerian Funck, 1771. Im Keller ist die Vorrichtung zum Anheben des Parkettbodens. Die in Französisch abgefassten Erläuterungen weisen auf wesentliche Ausstattungselemente des Theaters hin.

bildhaft integriert und durch ihren Formenreichtum und die ihr immanente Bewegtheit einen Gesamtzusammenhang konstituiert.

Die farbige Gestaltung des Zuschauerraums mit in Rot über Silber gelüsterten Vorhangdraperien an den Brüstungen des ersten Ranges oder Dekormotiven in Polimentvergoldung vor seidenmatten, abgestuften Weißtönen bis hin zu Porzellan imitierenden Polierweißfassungen der Figuren trägt zu dieser die Vielfalt betonenden und doch geordneten Raumwirkung entscheidend bei. Mit der äußerst artifiziellen Farbigkeit des Logengerüsts kontrastierte die naturalistische Farbigkeit des ursprünglichen Deckenbildes, aber auch die der Bühnenkulissen sowie der Kostüme der Akteure und der Roben der Zuschauer. Im bewegten Licht hunderter

Kerzen und dem farbigen „Bühnenzauber“, der von den polierten und vergoldeten Flächen der Logenverkleidungen und den Spiegeln in der Kurfürstenloge zurückgeworfen wurde, ergab sich ein einzigartiger Raumeindruck. Cuvilliés hat diese Effekte bei der Gestaltung eingeplant, denn erst durch diese Kunst der Nuancen entfaltet sich der verzaubernde ästhetische Reiz und der „esprit“ des festlich gestimmten Rokokoraums.

Verlust und Wiederentdeckung

Im 19. Jahrhundert erlebte das Cuvilliés-Theater eine wechselvolle Geschichte: Als Kurfürst Carl Theodor (reg. 1777–1799) das Hofopernhaus 1795 der Öffentlichkeit, dem zahlenden Bürgertum, zugänglich machte, folgten daraus zunächst keine entscheidenden Veränderungen. Erst als das Theater im Jahr 1801 unter dem Bau- und Galeriedirektor Johann Christian von Mannlich (1741–1822) einer ersten Renovierung unterzogen wurde, übermalte man das offenbar inzwischen von der Kerzenbeleuchtung eingeschwärzte Deckenfresko. In der Mitte wurde zudem eine Öffnung eingeschnitten, um während der Vorstellungen – anstelle von bisher acht kleinen Kristalllüstern – einen einzigen großen, zentralen Kronleuchter des Bildhauers Franz Jakob Schwanthaler (1760–1820) hinaufziehen zu können. Während der Vorstellungen wurde nun der Zuschauerraum bis auf die Logen verdunkelt.

Nachdem Bayern 1806 zum Königreich aufgestiegen war, ließ Max I. Joseph (reg. als König 1806–1825) unmittelbar neben dem Cuvilliés-Theater, am neu entstandenen Max-Joseph-Platz, ab 1811 das königliche Hof- und Nationaltheater errichten. Als dieses 1823 niederbrannte, wurde das Cuvilliés-Theater zwar kaum in Mitleidenschaft gezogen, dennoch wollte es der mit dem Wiederaufbau betraute Architekt Leo von Klenze (1784–1864), der als Klassizist das Rokoko gering schätzte, abreißen lassen. Auch wenn Cuvilliés‘ Theaterbau diesem Schicksal entging, diente er ab 1825 nur als Kulissenmagazin.

Als zwei Jahrzehnte später König Maximilian II. (reg. 1848–1864) einen Wintergarten zwischen dem Königsbau der Residenz und dem Nationaltheater planen ließ, räumte man 1851 vorsorglich den Zuschauerraum aus. Damals wurden die hölzernen Logenränge zerlegt, sorgfältig nummeriert und in der Lehel-Vorstadt deponiert. Als die Planungen für den in einer Glas-Eisen-Konstruktion von Franz Jakob Kreuter (1813–1889) errichteten Wintergarten reduziert wurden und August von Voit (1801–1870) das Bauwerk vollendet hatte, übernahm der Architekt Ludwig Foltz (1809–1867) von 1855 bis 1857 die Wiederherstellung des Cuvilliés-Theaters. Durch den Bau des Wintergartens waren allerdings die dem Theater

Zuschauerraum nach den Umgestaltungen des 19. Jahrhunderts und vor der Zerstörung 1944

östlich vorgelagerten Empfangs- und Eingangsräume des 18. Jahrhunderts verloren gegangen, weshalb als Ersatz die Nebenräume aus der Zeit Cuvilliés' neu gestaltet wurden. Die Decke des Zuschauerraums erhielt nun eine ornamentale Dekorationsmalerei. Spätestens damals wurden auch die Rückwände der Ranglogen, die ursprünglich mit einer Arabeskenmalerei auf fliederfarbenem Grund dekoriert waren, übermalt. Die wiedereingebauten Logenverkleidungen überfasste man mit Ölfarben und Ölvergoldungen. Ein neuer Kronleuchter mit Gasbeleuchtung nach Entwurf von Foltz wurde installiert. Raumarchitektur und -dekoration entsprachen danach zwar noch substantiell dem Rokoko, ihr Erscheinungsbild wurde nun aber vom Kunstempfinden des 19. Jahrhunderts bestimmt.

König Ludwig II. (reg. 1864–1886), der von den Theaterbesuchern in der Fürstenloge nicht mehr beobachtet werden wollte, ließ dort Vorhänge anbringen. Er nutzte das Theater gerne und oft für Separatvorstellungen und veranlasste 1882/83 den

Einbau einer – damals hochmodernen – elektrischen Beleuchtung. Kurz vor dem Tod des Königs kam es zu einer erneuten Renovierung des Theaters, die aber gegenüber dem Zustand von 1857 keine grundsätzlichen Veränderungen mit sich brachte. Wie der damalige Hoftheaterintendant Karl Freiherr von Perfall (1824–1907) äußerte, fühlte man sich dem hohen künstlerischen Wert verpflichtet. Im Zeitalter des Historismus und unter dem Einfluss der Wiederentdeckung der Kunst des 18. Jahrhunderts durch die Gebrüder Goncourt in Frankreich hatte sich das Rokoko – wie auch in des Königs Schlössern Linderhof und Herrenchiemsee – als Neo-Stil etabliert.

In der Zeit Prinzregent Luitpolds (reg. 1886–1912) installierte der Bühnentechniker Carl Lautenschläger 1896 im Cuvilliés-Theater die erste Drehbühne Deutschlands. Um 1900 erfolgten strukturelle und sicherheitstechnische Verbesserungen durch das damals in München führende Bauunternehmen Heilmann & Littmann. Mit dem Ende der Monarchie 1918 wurden die vormals königlichen Bühnen zu Staatstheatern. Das ehemalige „Opera Hauß" bezeichnete man nun schlicht als „Residenztheater". Den gläsernen Wintergarten gab man auf und errichtete an dessen Stelle Anfang der 1920er Jahre über den weiterhin als Theaterzugang dienenden Arkaden Kreuters ein massives Obergeschoss für Verwaltungszwecke. Von 1903 bis 1930 etablierten sich im Cuvilliés-Theater, in dem am 29. Januar 1781 Wolfgang Amadeus Mozarts heroische Oper „Idomeneo Rè di Creta" uraufgeführt worden war, Mozart-Festspiele. Vor allem galt es nun als renommierte Bühne für das klassische Schauspiel.

Zerstörung im Zweiten Weltkrieg

Bei einem Fliegerangriff am Nachmittag des 18. März 1944 auf München detonierte eine Sprengbombe im Bereich der Bühne des Cuvilliés-Theaters; nachfolgend brannte es bis auf die Umfassungsmauern aus. Gerettet waren nur die Logenverkleidungen des Zuschauerraums, die noch 1943 ausgebaut und an zwei verschiedene Orte evakuiert worden waren: ein Teil in das Pfarrhaus von Obing (Chiemgau), ein anderer in den Keller der Befreiungshalle bei Kelheim. Bis 1948 konnten beide Bestände in Schloss Schleißheim zusammengeführt werden. Die in der Befreiungshalle eingelagerten Teilen hatten durch die Feuchtigkeit in den Kellergewölben erheblich gelitten: Die Schnitzereien, die nicht aus massivem Holz gefertigt waren, sondern aus Blöcken, die durch das Verleimen einzelner Bretter entstanden waren, hatten sich buchstäblich in Tausende von Einzelteilen aufgelöst und die Fassungen waren großflächig abgeblättert. Besser erhalten waren die vergleichsweise trocken in Obing gelagerten Partien.

Die gesicherte Ruine des Zuschauerraums mit Blick auf die vormalige Fürstenloge, um 1947. Die Mauer im Hintergrund grenzte das Theater gegen den ehemaligen Wintergarten König Maximilians II. ab. Zu erkennen sind noch die verwitterten Stuckmarmor-Säulen der Proszeniumsloge am rechten und linken Bildrand.

Da das Staatsschauspiel, das für ein vielseitig bespielbares, modernes Schauspielhaus anstelle der Rekonstruktion des historischen Cuvilliés-Theaters plädierte, sich schließlich gegenüber der Denkmalpflege durchsetzen konnte, entstand in den Jahren 1948 bis 1951 in Kooperation zwischen dem Architekten Karl Hocheder und dem Bühnentechniker Adolf Linnebach das „Neue Residenz-Theater" am Max-Joseph-Platz. Für die geretteten Logenränge des alten Cuvilliés-Theaters, deren hohe kunsthistorische Bedeutung trotz ihres desolaten Zustandes nicht infrage gestellt wurde, sollte ein neuer Ort gefunden werden. Nach ersten Überlegungen (1947) einer Integration in die Kriegsruine der Allerheiligen-Hofkirche, kristallisierte sich schließlich (ab 1951) der benachbarte sogenannte Apothekenstock, der südliche Abschluss des von Leo von Klenze bis 1842 errichteten Ostflügels des Festsaalbaus am

Holzteile der eingelagerten Logenverkleidung, um 1956.

Marstallplatz, als geeignet heraus. In dessen Raumvolumen passten sowohl der Zuschauerraum als auch eine verkürzte Bühne. Auch die nötige Höhe für den Einbau einer Bühnenmaschinerie war gegeben. Bei einem Wiederaufbau dieses ebenfalls durch Bomben weitgehend zerstörten Traktes hätte der Einbau des Theaters dessen äußeres, klassizistisches Erscheinungsbild nicht verändert. Im Zusammenhang mit diesen Überlegungen konnte dank einer Förderung der Friedrich-Baur-Stiftung mit der Sortierung und Sicherung des – wie sich dabei herausstellte – zu 85% erhalten gebliebenen Bestandes der historischen Logenverkleidungen begonnen werden.

Translozierung und Wiederaufbau

1956 zeichnete sich ab, dass der Wiederaufbau des im Zweiten Weltkrieg ebenfalls weitgehend zerstörten Nationaltheaters am Max-Joseph-Platz nicht wie vorgesehen bis zur 800-Jahr-Feier der Stadt München 1958 zu realisieren sein würde. Da zu diesem Anlass auch das Residenzmuseum wieder in einem ersten Rundgang zugänglich gemacht und dort außerdem die Ausstellung „Europäisches Rokoko“

gezeigt werden sollte, entschied man sich definitiv für die Wiederherstellung des Cuvilliés-Theaters im Apothekenstock der Residenz. Mit ausschlaggebend dafür war das Angebot des „Bürgerbundes 800 Jahre München", die gesammelten Spenden – ein Drittel der schließlich insgesamt aufgewendeten Kosten von 4 Millionen DM – für den Wiederaufbau des Cuvilliés-Theaters zur Verfügung zu stellen. Dass die Wiederherstellung des historischen Zuschauerraums, integriert in ein funktionierendes Theater, angesichts der damit verbundenen denkmalpflegerischen, bautechnischen, restauratorischen und gestalterischen Probleme in der verbleibenden extrem kurzen Zeitspanne von nur knapp zwei Jahren realisiert werden konnte, ist dem hohen Einsatz und Können aller seinerzeit Beteiligten, insbesondere dem damals jungen Leiter der Residenzbauleitung, Otto Meitinger, zu danken.

Der Zuschauerraum sollte zwar vorzüglich einer musealen Nutzung zugeführt werden, dennoch wollte man das historische Raumkunstwerk durch gelegentliche Bespielung – seinem ursprünglichen Zweck entsprechend – als Theaterraum erlebbar machen. Demgemäß stattete man die Bühne technisch aus. Die für den Theaterbetrieb nötigen Foyer- und Garderobenräume wurden – dem Apothekenstock vorgelagert und vom Brunnenhof der Residenz aus zugänglich – in zwei Geschossen um einen kleinen, oktogonalen Innenhof im Bereich zwischen Brunnen- und Apothekenhof eingepasst. An dieser Stelle (heute Comité-Hof) war im 16. Jahrhundert von Herzog Albrecht V. ein Ballhaus (für Ballspiele) errichtet worden, das im frühen 19. Jahrhundert als erste protestantische Kirche Münchens gedient hatte und in dessen Ruine 1946 das bis 1951 bestehende so genannte „Brunnenhoftheater" als erste provisorische Nachkriegsspielstätte des Staatsschauspiels eingerichtet worden war. Die Eingangs- und Nebenräume des Cuvilliés-Theaters wurden in einer aus heutiger Sicht nicht immer glücklichen Stilmischung der 1950er Jahre unter Einbeziehung formaler wie farblicher Anklänge an das Rokoko gestaltet und möbliert. Das elegant wirkende Entrée sollte keinesfalls in Konkurrenz zu dem folgenden historischen Raumkunstwerk, Cuvilliés' Zuschauerraum, treten, aber eine als adäquat empfundene atmosphärische Einstimmung ermöglichen.

Das Auditorium war durch die Maße der originalen Logeneinbauten definiert. Alle Architekturteile wie der Bühnenbogen, die Proszeniumssäulen oder der Unterbau der Kurfürstenloge mussten entsprechend rekonstruiert werden. Die größte Herausforderung stellte der Umgang mit den in Einzelteile zerfallenen Schnitzereien der Logenverkleidungen dar, die nach ihrem Transport in die Residenz München zur Bearbeitung in provisorischen Werkstätten, den vormaligen Trierzimmern, erneut in Unordnung geraten waren. Eine wachsende Zahl von Kunsthandwerkern und Restauratoren – Schreiner, Schnitzer, Bildhauer, Vergolder und Fassmaler – gingen mit dem Anspruch an die Arbeit, eine möglichst perfekte Wiederherstellung in historischen

Techniken zu leisten: Die Fassungen des 19. Jahrhunderts wurden abgenommen und fehlende Teile der Schnitzereien teilweise in vereinfachter Form ergänzt, die erhaltenen Farbfassungen des 18. Jahrhunderts teils freigelegt und konserviert, teils in der ursprünglichen Technik großflächig ergänzt und eingestimmt. Dass es gelang, das „originale" Erscheinungsbild der Logenarchitektur und -dekoration weitgehend wiederherzustellen, kann nicht deutlich genug hervorgehoben werden.

Dies darf aber nicht darüber hinwegtäuschen, dass infolge zahlreicher unwiederbringlicher Verluste eine vollständige Rekonstruktion des historisch-authentischen Raumeindrucks letztlich nicht möglich war. So stellte man beispielsweise die für das Hofopernhaus des 18. Jahrhunderts konstitutive Abteilung der Ränge in einzelne Logen, die schon vor 1944 aufgegeben worden war, nicht wieder her. Auch der geschnitzte und farbig gefasste hölzerne Vorhang am Bühnenbogen konnte nur nach Fotografien rekonstruiert werden. Das bereits um 1800 verloren gegangene Deckenfresko von Johann Baptist Zimmerman suchte man nach einem Entwurf des damaligen Akademieprofessors Hermann Kaspar durch eine wolkige Malerei in diffusen und eher düsteren Tönen zu evozieren. Diese Gestaltung konnte die einstige Farbintensität des Rokoko, die den Raum erweiternde Perspektive und das durch die figürlichen Elemente einst postulierte Bildprogramm in keiner Weise vergegenwärtigen. Auch von der in Schriftquellen überlieferten fliederfarbenen Bemalung der Logenrückwände, die Cuvilliés als Fond für die farbigen Seidenroben der dort versammelten Hofgesellschaft konzipiert hatte, gab es keinen Originalbefund. Die als Ersatz gewählte textile Bespannung mit einem roten Lyoneser Baumwoll-Viskose-Damast, die in ihrer Materialität und Farbigkeit nicht dem ursprünglichen Gestaltungskonzept entspricht, dominiert heute das Erscheinungsbild des Raumes. Die Rückführung der Beleuchtung im Zuschauerraum nach historischen Vorbildern auf mehrere kleine Glaslüster an der Decke und Armleuchter an den Rangfronten kommt dagegen der ursprünglichen Intention der Raumwirkung sehr nahe.

Am 14. Juni 1958, dem 800. Jahrestag der Gründung Münchens, wurde das wiederhergestellte Cuvilliés-Theater an seinem neuen Ort mit „Figaros Hochzeit" von Wolfgang Amadeus Mozart feierlich eingeweiht und dem Publikum wieder zugänglich gemacht.

Kurt Faltlhauser

Von der Kraft bürgerschaftlichen Engagements

„Sonny Boys" – und die Folgen

Dieter Dorn, Intendant der Münchner Kammerspiele, wurde zu Beginn des Jahres 2000 beim Finanzministerium vorstellig mit der Bitte, aufgrund der Reparaturmaßnahmen in den Kammerspielen das Cuvilliés-Theater für Aufführungen nutzen zu dürfen. Das Finanzministerium war nicht zuletzt deshalb gerne bereit, dieser Gastbespielung zuzustimmen, weil zu diesem Zeitpunkt bereits klar war, dass Dorn von den städtischen Kammerspielen zum staatlichen Residenztheater wechseln würde. Vom 30. August bis 15. September 2000 fand daher im Cuvilliés-Theater das Stück „Sonny Boys" mit den Kabarettisten Dieter Hildebrandt, Werner Schneyder und Jörg Hube statt. Dieses Erfolgsstück sah sich im September 2000 Familie Faltlhauser in der Proszeniumsloge des Theaters an und ergötzte sich an den „Sonny Boys".

Die Frauen und die Kinder saßen in der ersten Reihe, der Hausherr im Rückraum der Loge. Dabei stieß mich plötzlich etwas Hartes in meine rechte Hüfte: eine Holzklappe, die einen roten Starkstromstecker verbarg. Starkstrom und trockenes Holz! Das gefiel mir nicht. Deshalb stellte ich dem Schlösserverwaltungsreferat am nächsten Tag die Frage nach der Brandsicherheit des Cuvilliés-Theaters. Die Antwort kam schnell und war für mich verblüffend: Es habe erst vor drei Monaten eine Routineüberprüfung stattgefunden, die keinerlei Beanstandung mit Blick auf den Brandschutz aufwies.

Vor dem Hintergrund dieser ersten Auskunft war ich umso erstaunter, zwei Monate später vom gleichen Referat ein umfangreiches Papier auf den Tisch zu bekommen, in dem erhebliche technische Mängel des Cuvilliés-Theaters aufgeführt waren, vor allem Defekte der elektrischen Leitungen und, damit verbunden, Probleme des Brandschutzes. Offenbar zweifelten mittlerweile einige „Sonny-Boys" im Finanzministerium an der Brandsicherheit des bayerischen Rokoko-Juwels.

Jetzt wollte ich es genau wissen! Deshalb fand Ende 2000 eine Besprechung im Finanzministerium statt, bei der alle zuständigen Bauexperten zusammensaßen:

der Leiter der Obersten Baubehörde, der Chef des TÜV, Vertreter der Branddirektion München und des Hochbauamts München, der Präsident der Schlösserverwaltung und dessen Bauabteilungsleiter. Die Ausführungen dieser Herren konnten mich zunächst nicht voll überzeugen, bis der TÜV-Vertreter zwei Elektroleitungen aus seiner Tasche holte, die Umhüllungen der Drähte zwischen den Fingern zerrieb und erläuterte: „Diese Leitungen habe ich heute Vormittag im Cuvilliés-Theater selbst herausgeschnitten. Seien Sie froh, dass das Haus noch nicht abgebrannt ist!" Eine deutlichere Demonstration konnten wir nicht haben. Das Ergebnis der Besprechung war die Abschaltung des bestehenden Stromkreises und der Ersatz durch sichere, aber frei liegende Leitungen.

Im Rahmen der bautechnischen Überprüfung, die auch aus Versicherungsgründen nunmehr zwingend war, wurde von der Schlösserverwaltung und dem Hochbauamt München I eine Liste notwendiger Reparaturmaßnahmen erstellt. Am Schluss hieß es in einem Begleitschreiben: „Hier ist unabhängig von allen Zuständigkeitsfragen in Abstimmung mit den technischen Diensten der Theater kurzfristig ein gesicherter Zustand herzustellen." Nach den notwendigsten Sicherheitsmaßnahmen konnten zwar weitere Veranstaltungen durchgeführt werden – so die 250-Jahr-Feier des Cuvilliés-Theaters am 12. Oktober 2003 –, die vertieften Bauuntersuchungen hatten jedoch ergeben, dass das Rokokotheater dringend einer umfassenden Renovierung bedurfte. Die intensive Nutzung dieses Kleinods seit dem Jahr 1958 hatte alle Bereiche des Hauses sehr stark in Anspruch genommen. Kleine Reparaturmaßnahmen reichten nicht mehr.

Am 27. Mai 2003 erteilte das Finanzministerium der Bayerischen Verwaltung der staatlichen Schlösser, Gärten und Seen den Planungsauftrag, wobei ausdrücklich auf die „dramatisch verschlechterte Finanzlage" des Freistaats hingewiesen und um Klärung gebeten wurde, „ob ein baulich-restauratorisch sinnvolles ‚Sanierungspaket' gebildet werden kann, das die Dimension einer ‚Generalsanierung' unterschreitet". Das Ergebnis dieses Auftrags waren Voruntersuchungen und eine Schlussbesprechung am 28. November 2003 im Finanzministerium, die in eine sehr interessante Vorlage des Hochbauamts, gezeichnet vom Leitenden Baudirektor Kurt Bachmann, mündete. Das Papier vom 11. Dezember 2003 präsentierte sechs Sanierungsvarianten:

- Eine „Nullvariante", die einer Stilllegung des Hauses gleichkam und lediglich die „sichere Begehbarkeit" des Theaters durch eine ausreichende Beleuchtung vorsah. Kosten: 100.000 Euro.
- Die zweite Sanierungsmöglichkeit war eine „Museumsvariante". Dabei sollte über die „Nullvariante" hinaus vor allem die Beleuchtung verbessert werden. Kosten: 1,7 Mio. Euro.

- Die „Liederabend-Variante“ sah eine geregelte technische Stilllegung hinter dem Eisernen Vorhang und eine reduzierte Tonanlage für „Lesungen oder Klavierspiel“ vor. Der Zugang zum Zierhof sollte auch bei diesem Vorschlag versperrt bleiben. Doch war bei der Bühnentechnik eine Sanierung vorgesehen. Die Kosten dafür wurden mit 10,9 Mio. Euro kalkuliert.
- Die vierte Variante war kalkuliert für „gehobene Veranstaltungen ohne Bühnentechnik mit Fernsehaufzeichnung“. Hier waren unter anderem „Brandschutz in Lüftungs- und Klimaanlagen“, die Runderneuerung der Heizungsanlagen, Asbestentsorgung und die Sanierung des Zierhofs (ohne Bedachung) vorgesehen – für insgesamt 14,6 Mio. Euro.
- Die fünfte Variante beinhaltete die Instandsetzung für einen Theaterbetrieb entsprechend einer dann im Oktober 2005 erstellten Projektstudie. Kosten: 19 Mio. Euro.
- Die teuerste Variante mit 22 Mio. Euro war schließlich der Theaterbetrieb entsprechend den Nutzungsanforderungen der Bayerischen Staatsoper.

Diese Vorlage stellte mich vor eine nicht leichte Entscheidung. Denn für den Haushalt der Schlösserverwaltung war ein derartiger Betrag in der damaligen Zeit in keinem Fall zu stemmen. Seit dem Jahr 2000 gab es eine „Kaskade“ des Steuerverfalls: Achtmal hintereinander wiesen die halbjährlich vorgelegten Steuerschätzungen einen jeweils geringeren Betrag aus als die vorausgehende Steuerschätzung. Deshalb musste ich um jeden Euro mit den Ministerkollegen in den Haushaltsverhandlungen ringen, zumal wir fest entschlossen waren, ab dem Jahr 2006 einen Haushalt ohne Nettoneuverschuldung vorzulegen. Unvorhergesehene Projekte konnten deshalb entweder nur durch Umschichtungen oder Einsparungen an anderer Stelle finanziert werden.

Trotz dieser Haushaltsenge entschied ich mich für die teuerste Variante des Ausbaus. Millionenbeträge auszugeben für die Renovierung, ohne eine optimale Bespielung zu ermöglichen, schien mir unsinnig. Die Haushaltsabteilung des Finanzministeriums wies jedoch nach, dass ein Betrag von 22 Mio. Euro eine lange Zeitachse der Haushaltsumsetzung notwendig mache; die Fertigstellung wurde für das Jahr 2015 prognostiziert. Das hätte die Schließung des Cuvilliés-Theaters für einen Zeitraum von 13 Jahren bedeutet!

Das „Comité Cuvilliés"

In dieser Situation lag die Überlegung nahe, die Bürger Bayerns an der unmittelbaren Finanzierung zu beteiligen. Hierzu gab es in München ein großes Vorbild: die Mitfinanzierung des Nationaltheaters Ende der 1950er und Anfang der 1960er Jahre durch die „Freunde des Nationaltheaters". Diese rührige Vereinigung hatte wesentlichen Anteil, dass das Nationaltheater 1963 wiedereröffnet werden konnte. Große Einzelspenden, Tombola-Erlöse und viele Kleinspenden hatten geholfen, die damals größte Investition des Freistaats in München zu realisieren.

Daran orientierte ich mich und ließ die Satzung eines Vereins, „Comité Cuvilliés", entwerfen. Er sollte den Finanzminister nicht nur finanziell unterstützen, sondern auch politisch unter Druck setzen, eine spezielle Art der Selbstkontrahierung. Wo erhebliche private Mittel zusätzlich zu den Steuergeldern fließen, sind ein gedrängter Zeitplan und eine schnellere Realisierung eines Bauprojekts leichter durchsetzbar. Mit dieser Idee wandte ich mich an Roland Berger, der auch anderswo schon erfolgreich Projekte im kulturellen und sozialen Bereich unterstützt oder organisiert hatte. Ich hatte Glück: Berger sagte noch am Telefon seine Mitwirkung zu.

So kam es am 18. Juni 2004 zur Gründungsversammlung des „Comité Cuvilliés – Freunde des Cuvilliés-Theaters" im „Saal des Rates" der Münchner Residenz. Am gleichen Tag ging – abgestimmt mit dem Gründungsvorgang – der Planungsauftrag der Schlösserverwaltung an das Hochbauamt München I für die Variante 6, den„Theaterbetrieb". Dieses synchrone Vorgehen hätte ohne die Aussicht auf erhebliche private Spenden in der damaligen Zeit nicht gewagt werden können.

Unter der Schirmherrschaft S.K.H. Herzogs Franz von Bayern waren versammelt: Prof. Dr. h.c. Roland Berger, Aufsichtsratsvorsitzender der Roland Berger Strategy Consultans, Dr. Dieter Dorn, Staatsintendant des Bayerischen Staatsschauspiels, Dr. Dirk Ippen, Verleger, Prof. Dr. h.c. Otto Meitinger, Altpräsident der Technischen Universität München, Dr. Hubert Mennacher, Vorsitzender der Freunde des Nationaltheaters e.V., Dr. Heribert Närger, Vorsitzender des Stiftungsrates der Ernst von Siemens Kunststiftung, Dieter Rampl, Sprecher des Vorstands der Bayerischen Hypo- und Vereinsbank AG, Dr. Dieter Soltmann, ehemaliger IHK-Präsident und Vorsitzender der Gesellschaft zur Förderung der Münchner Opernfestspiele, sowie der bayerische Finanzminister. Die Gründungsversammlung wählte Roland Berger zum Vorsitzenden, Dirk Ippen und Otto Meitinger zu seinen Stellvertretern. Ippen wurde zum Schriftführer bestimmt, Dieter Rampl zum Schatzmeister.

§ 2 der Satzung beschrieb: „Zweck des Vereins ist die Förderung der Wiederherstellung und Erhaltung des Cuvilliés-Theaters und anderer Baudenkmäler im Freistaat Bayern. Der Satzungszweck wird insbesondere durch die Förderung der

Maßnahmen zur Wiederherstellung des Cuvilliés-Theaters mit der Beschaffung und Bereitstellung der hierfür erforderlichen Mittel verwirklicht. Der Verein betätigt sich im Rahmen des § 58, Nr. 1 der Abgabenordnung. Der Verein verfolgt ausschließlich und unmittelbar gemeinnützige Zwecke im Sinne des Abschnitts ‚steuerbegünstigte Zwecke' der Abgabenordnung."

Erinnerungswert sind aus dieser Gründungsversammlung zwei Ergebnisse: Zum einen erklärten Roland Berger und Dirk Ippen spontan, dass sie jeweils einen Betrag von 100.000 Euro, persönlich und sofort, dem Verein stiften werden. Ein unerwarteter und wichtiger Startschuss. Die zweite wichtige Entscheidung war die Bestellung von Michael Dultz zum nebenamtlichen Geschäftsführer des Vereins. Damit legte die Versammlung die Grundlage für eine hochprofessionelle Arbeit des Fördervereins. Michael Dultz, Ehemann der damaligen Leiterin des Kulturressorts des Münchner Merkur, hat in den darauffolgenden Jahren gemeinsam mit Friedgard Halter von der Hypo-Vereinsbank und Dr. Karlheinz Konrad, meinem damaligen persönlichen Referenten, eine perfekte Organisation auf die Beine gestellt, die bis heute gerühmt wird. Diese Mitarbeiter waren wesentlich verantwortlich dafür, dass das Comité Cuvilliés heute noch als ein beispielgebender Motor für private Initiativen gilt.

Das Kuratorium

Im Jahr 2005 wurde die Versammlung der Gründungsmitglieder ergänzt und unterstützt durch ein ansehnliches Kuratorium, in dem Repräsentanten des Kulturbetriebs ebenso versammelt waren wie Wirtschaftsführer und Großspender. Vorsitzender des Kuratoriums wurde Dr. Josef Ackermann, der damalige Sprecher der Deutschen Bank AG, der mit einem persönlichen Beitrag von 250.000 Euro die größte Einzelspende für das Comité Cuvilliés eingebracht hat, ein „Sammel-Erfolg" von Roland Berger. Ackermann und Berger beriefen in dieses Kuratorium folgende Damen und Herren aus Kultur und Wirtschaft:

• Frank Baumbauer, Intendant der Münchner Kammerspiele • Prof. Dr. Reinhold Baumstark, Generaldirektor der Bayerischen Staatsgemäldesammlungen • Prof. Dr. Dieter Borchmeyer, Präsident der Bayerischen Akademie der Schönen Künste • Peter und Wolfgang Erl • Jenny und Wilhelm von Finck • August von Finck • Dr. Thomas Goppel, Staatsminister für Wissenschaft, Forschung und Kunst • Prof. Dr. Erich Greipl, Präsident der IHK für München und Oberbayern • Rudolf Gröger, Vorsitzender der Geschäftsführung 0_2 • Prof. Dr. Thomas Gruber, Intendant des Bayerischen Rundfunks • Fritz Haberl, Inhaber der MAHAG • Leo Herl, Madeleine Schickedanz Vermögensverwaltungs GmbH & Co. KG • Claus Hermuth, Vorsitzender des Vorstands der Deutsche Capital Management AG • Rainer Hertrich, Vorsitzender der Geschäftsführung von EADS • Dr. Walter Hohlefelder, Mitglied des Vorstands der E.ON Energie AG • Prof. Dr. Joachim Kaiser • Michael Käfer, Geschäftsführer Käfer GmbH & Co. KG • Dr. Herbert G. Kloiber, Geschäftsführender Gesellschafter Tele München Fernseh GmbH & Co. • Irène Lejeune, Vorstand der Herz für Herz Stiftung für Leben • Klaus Josef Lutz, Geschäftsführer des Süddeutschen Verlags • Verena von Mitschke-Collande, Giesecke & Devrient • Kent Nagano, Bayerischer Generalmusikdirektor an der Bayerischen Staatsoper • Dr. Siegfried Naser, Vorsitzender des Stiftungsvorstands der Bayer. Sparkassenstiftung • Georg Randlkofer, Mitinhaber von Dallmayr • Dr. Helmut Röschinger, Immobilien-Unternehmer • Marion Schieferdecker • Senator E.h. Werner Schmidt, Vorsitzender des Vorstandes der Bayer. Landesbank • Prof. Klaus Schultz, Intendant des Staatstheaters am Gärtnerplatz • Dr. Roland Seul, Kaufmann • Harald Strötgen, Vorsitzender des Vorstandes der Stadtsparkasse München • Christian Ude, Oberbürgermeister der Stadt München • Swantje und Georg von Werz • Dr. Wilhelm Winterstein • Dr. Winfried Zehetmeier, Vorstandsvorsitzender der Theatergemeinde München e.V. • Prof. Dr. Klaus Zehelein, Präsident der Bayerischen Theaterakademie.

Eine vom Finanzministerium herausgegebene Broschüre „Das Cuvilliés-Theater der Münchner Residenz; Historisches Opernhaus im neuen Gewand“ weist auf den Seiten 38 und 39 sowohl die finanziellen Förderer der Theatersanierung aus – Einzelpersonen und Firmen – als auch eine lange Liste von Künstlern, „die sich in den Dienst der guten Sache stellten“. Gerade in dieser zweiten Liste fehlt kaum ein großer Name. So finden wir dort u. a.:

Mario Adorf, Senta Berger, Rolf Boysen, Vicco von Bülow/Loriot, Brigitte Fassbaender, Edita Gruberova, Christoph Hammer, Michael Heltau, Thomas Holtzmann, Jörg Hube, Mariss Jansons, Michael Lerchenberg, Waltraud Meier, Zubin Mehta, Sunny Melles, Nikolaus Paryla, Gerhard Polt, Christine Reif und Mitglieder der Akademie des Symphonieorchesters des Bayerischen Rundfunks, Wolfgang Sawallisch, Andreas Thiele, Hertha Töpper, Hans, Michael und Christoph Well/Biermösl Blosn.

Das 10 Prozent-Ziel

In der zweiten Mitgliederversammlung am 5. Juli 2004 wurde einvernehmlich das Ziel definiert, der Verein solle mindestens zehn Prozent der Gesamtinvestitionssumme von 22 Mio. Euro aufbringen, also 2,2 Mio. Euro.

Noch im Juli 2004 wurde von Roland Berger ein umfangreiches Fundraising-Konzept vorgelegt, in dem drei Kategorien von Spendern definiert wurden: Spender über 50.000 Euro wurden Kuratoriumsmitglieder, Spender über 1.000 Euro wurden in den „Kreis der Förderer“ und alle übrigen Spender in den „Kreis der Freunde“ aufgenommen.

Da zu diesem Zeitpunkt bereits feststand, dass die alten Stühle des Cuvilliés-Theaters ausgetauscht werden mussten, wurde zudem die Aktion „Stuhlverkauf" (523 Plätze) und „Logenverkauf" (56 Logen) beschlossen. Hubert Mennacher kündigte außerdem an, auch die „Freunde des Nationaltheaters" zu Spenden für das Cuvilliés-Theater gewinnen zu wollen.

Die Spendeneinwerbung für das beliebte Theater war auf dieser Basis erfolgreicher als geplant: Das Comité Cuvilliés konnte innerhalb von eineinhalb Jahren

Schlussabrechnung Cuvilliés-Theater, Variante 6	
1. Herrichten und Erschliessen	74.000 €
2. Bauwerk – Baukonstruktionen	7.362.000 €
Baukonstruktive Einbauten	116.000 €
Grundkonstruktionen	3.193.000 €
Sonstige Maßnahmen f. Baukonstruktionen	2.508.000 €
Erneuerung der Decke im Blauen Foyer	45.000 €
Überdachung des Zierhofes	1.500.000 €
3. Bauwerk – Technische Anlagen	12.060.500 €
Abwasser-, Wasser-, Gasanlagen	904.000 €
Wärmeversorgungsanlagen	823.000 €
Lufttechnische Anlagen	1.268.000 €
Starkstromanlagen	1.536.000 €
Fernmelde-, Informationstechn. Anlagen	1.597.000 €
Förderanlagen	220.000 €
Nutzungsspezifische Anlagen	4.513.000 €
Gebäudeautomation	212.000 €
Sonstige Maßnahmen f. techn. Anlagen	554.000 €
Entrauchungsanlage f. Zuschauerraum	433.500 €
4. Aussenanlagen	
Technische Anlagen in Außenanlagen	12.000 €
5. Ausstattung und Kunstwerke	206.000 €
Kunstwerke (Rekonstruktionen)	98.000 €
Catering-Theke	108.000 €
6. Baunebenkosten	4.772.000 €
Bauherrenaufgaben	190.000 €
Architekten- u. Ingenieurleistungen	3.239.000 €
Gutachten u. Beratung	362.000 €
Allgemeine Baunebenkosten	485.000 €
Sonstige Baunebenkosten (u. a. Bauamt)	496.000 €
Gesamtkosten	24.486.500 €

3 Mio. Euro einwerben. Laut Schlussabrechnung kosteten die Baumaßnahmen am Cuvilliés-Theater 24,5 Mio. Euro . Das Spendenaufkommen übertraf das gesetzte 10 Prozent-Ziel deutlich. Hinzu kam noch eine Summe, mit der weder der Bauherr noch das Comité gerechnet hatten: die Großspende der Ernst von Siemens Kunststiftung.

Das Engagement der Ernst von Siemens Kunststiftung

Zu den Gründungsmitgliedern des Comités Cuvilliés gehörte auch der Vorsitzende des Stiftungsrates der Ernst von Siemens Kunststiftung, Dr. Heribert Närger. Dieser war in München bekannt als ein Mann, der in vielfältiger Weise Kunstinitiativen mit dem Gespür des Kenners unterstützte. Siemens hatte, unabhängig von der Kunststiftung, schon 100.000 Euro an das Comité als einer der ersten Spender bezahlt. Darüber hinaus überraschte mich Närger mit einer ungewöhnlich großzügigen Spende der Ernst von Siemens Kunststiftung. In seinem Brief vom 9. Februar 2005 schrieb er an den Finanzminister: „Ich glaube, dass ich – nach entsprechender Beschlussfassung in unserem Stiftungsrat – in die Lage versetzt sein werde, Ihnen anzukündigen, dass unsere Stiftung für die Kostendeckung der erforderlichen Maßnahmen zur Erhaltung der Denkmalqualität des Cuvilliés-Theaters einen Beitrag von bis zu 1,85 Mio. zu leisten bereit ist.“

Närger fügte einen Vorbehalt hinzu, der durch die Satzung der Kunststiftung vorgegeben war: Die Kunststiftung wolle ausschließlich für das „Raumkunstwerk“ Cuvilliés-Theater Stiftungsmittel einsetzen, aber nicht für technische Maßnahmen wie z. B. die Erneuerung der Bühnentechnik. Deshalb wurde die angekündigte Spende getrennt ausgewiesen von den Ausgaben des Comités Cuvilliés. Sie wurde dann in einer Vereinbarung mit der Bayerischen Verwaltung der staatlichen Schlösser, Gärten und Seen niedergelegt. Die Kunststiftung finanzierte damit nicht nur die Renovierung des Rokoko-Innenraums, sondern auch die optisch-digitale Vermessung der Schnitzereien an den Logenverkleidungen des Zuschauerraums. Durch diese Erfassung sollte für alle Zeiten die reiche Ausschmückung des Rokokotheaters festgehalten und reproduzierbar werden: vorsorgender Brandschutz also.

Vom Zierhof zum Comité-Hof

2006 konnte das Comité Cuvilliés feststellen, dass 3 Mio. Euro an Spendengeldern eingegangen waren, 800.000 Euro mehr als ursprünglich als Zielvorgabe festgelegt worden war. Hinzu kamen noch 1,85 Mio. Euro der Ernst v. Siemens Kunststiftung;

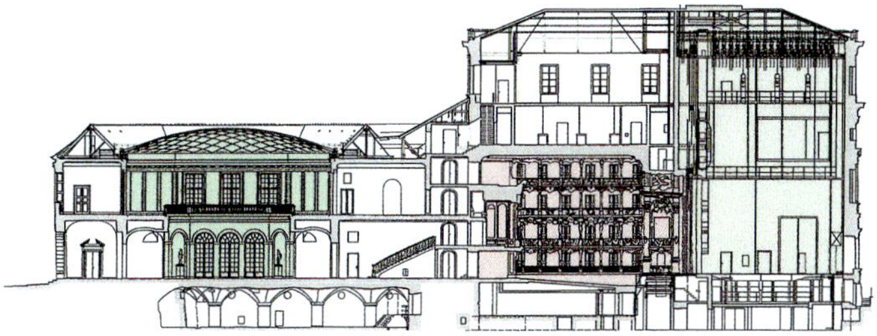

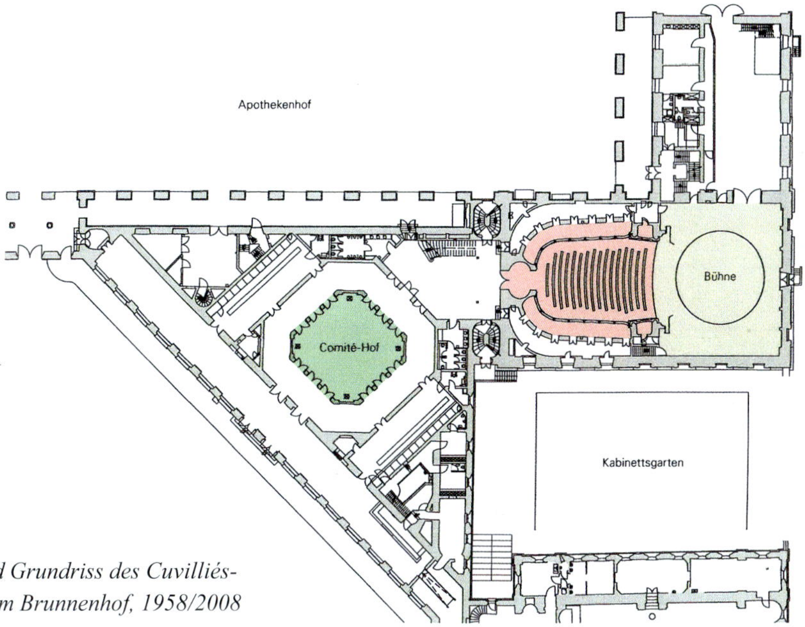

Schnitt und Grundriss des Cuvilliés-Theaters am Brunnenhof, 1958/2008

es gab also einen Überschuss. Da der Haushaltsausschuss seine Beschlüsse auf zehn Prozent „Bürgerfinanzierung" abgestellt hatte, wurde im Verein überlegt, wie man mit diesen zusätzlichen Finanzmitteln am besten umgehen könne.

In dieser Situation kam eine Idee der Bauabteilung der Schlösserverwaltung auf den Tisch: Der Zierhof am Eingang des Cuvilliés-Theaters war nicht überdacht und in einem ziemlich bescheidenen baulichen Zustand. Die Experten schlugen deshalb vor, diesen Hof zu überglasen, um auf diese Weise einen geschlossenen Raum herzustellen. Der Kostenvoranschlag für diese Maßnahme, der dann auch exakt eingehalten wurde, belief sich auf 1,5 Mio. Euro. Der Vorschlag stieß beim Comité Cuvilliés auf große Zustimmung; er wurde deshalb auch sehr schnell umgesetzt. Als Dank an das Comité Cuvilliés stellte das Finanzministerium anheim, durch eine

Umbenennung des Zierhofs an das große Engagement des Comités zu erinnern. Der Vorstand des Comités unter Vorsitz von Roland Berger entschied sich für den Namen „Comité-Hof". Diese Bezeichnung ist heute in der Mitte des Hofs in einem Messingschild verewigt. Beim Richtfest dieses überglasten Raums scherzte der Schauspieler und Nockherberg-Redner Michael Lerchenberg in seiner Hebauf-Rede: „Jetzt kann man im Theater hocken und in der Pause bleibt man trocken".

Der Programmbeirat des Cuvilliés-Theaters

Ebenso wie bei der Allerheiligen-Hofkirche gab es auch beim Cuvilliés-Theater Sorgen um eine angemessene Bespielung. Bei der Allerheiligen-Hofkirche stand im Vordergrund, dass dort keine Veranstaltungen stattfinden sollten, die dem Charakter einer ehemaligen Kirche unangemessen sind. Beim Cuvilliés-Theater sorgten sich viele um den Stellenwert der Musik. Heribert Närger schrieb im o. g. Brief vom 9. Februar 2005: „In den vergangenen 50 Jahren haben die Inszenierungen der Staatstheater im Cuvilliés-Theater hin und wieder den guten Geschmack vermissen lassen, der bei der Nutzung dieser besonders anspruchsvollen Bühne oberste Richtschnur sein sollte." Mit Blick auf die Filmpreisverleihungen im Cuvilliés-Theater verwies Närger auf einen Artikel in der Zeitschrift ICOMOS unter der Überschrift „Opernbauten des Barock": „Wenn etwa zum Zweck der Übertragung einer Filmpreisverleihung ungelerntes Personal unter höchstem Zeitdruck dicke Kabelbündel über das subtile Schnitzwerk spannt, wenn schweres Kamera- und Beleuchtungsgerät positioniert wird, mit riesigen Wattzahlen in Funktion tritt und für den nächsten Theaterabend schon wieder verschwunden sein muss, wundert man sich über die noch relative Überschaubarkeit der Schäden. Solches Vorgehen ist kennzeichnend für den modernen Medienbetrieb, der es gewohnt ist, großspurig zu wirtschaften und mit verschleißbaren Kulissen zu operieren." Abschließend forderte Närger, dass die Gattung Oper wieder Vorrang im Cuvilliés-Theater haben solle.

Dass dieser Vorrang nicht leicht zu realisieren ist, macht eine schlichte Kosten-Ertragsüberlegung deutlich: Eine Opernaufführung erfordert in der Regel deutlich höheren personellen und technischen Aufwand als ein Schausiel. Die Einnahmen aus den Eintritten in einem so kleinen Raum wie dem Cuvilliés-Theater sind „überschaubar".

Um in der Zukunft Konflikte durch Aussprache und Einbindung aller Beteiligten zu lösen, wurden in einem „Programmbeirat Comité Cuvilliés" die Beiräte der Allerheiligen-Hofkirche, des Hubertussaales und des Cuvilliés-Theaters gebündelt.

Blick auf den oberen Rang des Comité-Hofs und sein Glasdach, 2008

Zur Gründungssitzung dieses Programmbeirates waren nicht nur die Gründungsmitglieder des Comités geladen, sondern auch der Präsident der Schlösserverwaltung als Betreiber des Hubertussaales, Professor Dr. Eckard Heintz, Domkapitular Wolfgang Huber, Professor Dr. Hellmuth Matiasek, Intendant a.D. Dr. h.c. Albert Scharf und Dr. Heribert Närger. Dieser Beirat hat in den darauffolgenden drei Jahren weitestgehend Ruhe in der Diskussion um die Belegung des Cuvilliés Theaters sichergestellt. Deshalb konnte er im Jahr 2009 seine Arbeit einstellen.

Die Baumaßnahmen

Die Schlussabrechnung des „Rettungs-Projektes Cuvilliés Theater" vom 25. Februar 2005 ergab eine Summe von rund 24,5 Mio. Euro.

Das Staatliche Bauamt München I beschreibt sehr präzise in einer kleinen Broschüre die einschlägigen Maßnahmen:

„Das Bühnenhaus und das Kulissenlager wurden vollständig erneuert und bieten nunmehr nach der Sanierung einen hochmodernen Theaterbetrieb. Zusätzliche Arbeitsgalerien, neue Portaltürme und Beleuchtungsbrücken sowie eine neue Portalbrücke erleichtern die Abläufe hinter der Bühne. Eine neue hydraulische Hubplattform verbessert die Anlieferung im Kulissenmagazin. Ein elektrisch betriebenes Prospektlager sorgt für eine zeitgemäße Lagerung der Prospekte, die im Bühnenhaus für verschiedene Hintergründe benötigt werden. Alle maschinentechnischen Zugeinrichtungen werden von einer elektronischen Steuerungsanlage bedient. Durch den Einbau neuer Lüftungsanlagen und hochwirksamer Wärmerückgewinnungsanlagen können hier rund 80 Prozent des jährlichen Energieverbrauchs eingespart werden.

Durch den Einbau von Brandschutzvorhängen, Brandschutztüren, Abschottung der Treppenräume und Flure, einer umfangreichen Brandmeldeanlage und einer automatischen Sprühwasseranlage sind wieder ein gesicherter Theaterbetrieb und sogar Sonderveranstaltungen mit maximal 1.400 Personen möglich.

Der achteckige Zierhof wurde grundlegend verändert: Über den Hof wölbt sich jetzt eine Stahl-Glaskuppel und erschließt ein neues Raumerlebnis. Aus denkmalpflegerischen Gründen ist sie nur 2,60 m hoch, so dass sie die angrenzenden Ziegeldächer nicht überragt.

Der eiserne Vorhang dient im Museumsbetrieb als Projektionsfläche. Das gesamte Mobiliar aus der fest eingebauten Parkettbestuhlung und losen Stühlen wurde originalgetreu ersetzt und bietet Platz für insgesamt 523 Besucher."

So weit das Bauamt München I.

Zuschauerraum, Blick auf die Kurfürstenloge, 1958/2008

Schlussapplaus

Am 14. Juni 2008 wurde das Cuvilliés-Theater im Rahmen eines Staatsakts wiedereröffnet – sieben Jahre vor dem aus Geldknappheit ursprünglich kalkulierten Termin. Erwin Huber, der damalige Finanzminister, traf in seiner Festrede den entscheidenden Punkt: „Der Kulturstaat Bayern lebt in vielen Bereichen vom privaten Engagement und der Kunstbegeisterung seiner Bürgerinnen und Bürger. Ohne diesen Einsatz wäre unser Land um vieles ärmer. Je größer der Kreis der Sponsoren und Mäzene ist, umso lebendiger ist auch das kulturelle Leben im Land. Staatliche Mittel und bürgerliche Kunstbegeisterung müssen Hand in Hand gehen. Nur dann entsteht eine so vielfältige und attraktive Kunst- und Kulturlandschaft wie bei uns in Bayern. Ein leuchtendes Beispiel für dieses Wirken ist das Cuvilliés-Theater. Rund fünf Mio. Euro und damit circa 20 % der Bausumme von 24,5 Mio. stammen aus Spenden. Dafür möchte ich allen und insbesondere den heute anwesenden Spendern meinen herzlichsten und aufrichtigsten Dank aussprechen. Sie sind ein großartiges Beispiel für bürgerliches Engagement!“

Sehr richtig, Kollege Huber! Deshalb auch mein Dank an Roland Berger, Heribert Närger und das ganze „Comité Cuvilliés“.

Jagd und Musik

Der Hubertussaal in Schloss Nymphenburg

Die Schlossanlage Nymphenburg ist „in ihrer Verbindung von Architektur und Gartengestaltung ein Gesamtkunstwerk von Weltrang. Als Sommerresidenz der bayerischen Herrscher aus dem Haus Wittelsbach genoss [sie] zu allen Zeiten besondere Wertschätzung“ (Amtlicher Führer 2014, S. 7).

Einen optisch nicht unwesentlichen Bestandteil ihres weiten stadtseitigen Ehrenhofs bildet neben dem Marstall im Süden die Vierflügelanlage nördlich des Hauptschlosses, besonders ihr in den 1750er Jahren geschaffener Orangerietrakt mit dem Hubertussaal.

◁ *Der Uhrtum des Orangerietrakts von Schloss Nymphenburg*

Lothar Altmann

Eine wechselvolle Geschichte

Die Entwicklung der Schlossanlage Nymphenburg

Die Geschichte des späteren Schlosses Nymphenburg beginnt damit, dass der bayerische Kurfürst Ferdinand Maria (reg. 1651–1679) seiner Gemahlin Henriette Adelaide von Savoyen anlässlich der Geburt des ersehnten Thronfolgers Max Emanuel 1662 die Hofmark Kemnathen ca. zwei Wegstunden nordwestlich der Haupt- und Residenzstadt München zum Geschenk machte. Die Kurfürstin ließ hier, auf dem Areal einer Schwaige, ab 1664 ein würfelförmiges Casino mit westlich vorgelagertem, ummauertem „Lustgärtchen" errichten, das sie „Castello delle Ninfe" benannte. Die Entwürfe hierzu gehen letztendlich auf den Bologneser Architekten Agostino Barelli (1626–1697) zurück, der gleichzeitig die Votiv- und Hofkirche St. Kajetan gegenüber der Münchner Residenz plante. Ab 1674 erfolgte unter der Regie des Graubündner Baumeisters Henrico Zuccalli (um 1642–1724) der Innenausbau. Von 1677 bis 1679 fügte er eine doppelläufige Freitreppe der Stadtseite des Hauptbaus an, den er auch im Dachbereich veränderte. Doch 1684 wurden die beiden bereits im Rohbau fertigen Seitenpavillons wieder abgerissen, um Baumaterial für Schloss Lustheim bei Schleißheim zu gewinnen. In diesem äußeren Zustand ist – leicht idealisiert – die Villa suburbana auf dem 1701 veröffentlichten Kupferstich Michael Wenings zu sehen.

Daraus entwickelte sich unter Kurfürst Max II. Emanuel (reg. 1679/80–1726) nach niederländischen Vorbildern die Sommerresidenz Nymphenburg, wobei ein Netz von Kanälen mit einbezogen wurde. Durch Giovanni Antonio Viscardi (1645–1713) – auch er aus dem italienisch sprechenden Teil Graubündens zugewandert –, kamen ab 1702 beiderseits des bestehenden Gebäudes gestaffelt die heutigen vier Pavillons hinzu, die dem Hauptbau äußerlich angeglichen und mit diesem durch durchlässige Galeriebauten verbunden wurden. Die Pläne hierzu hatte Zuccalli geliefert. Ebenfalls nach dessen Entwürfen wurde der Mittelbau in seiner Außenerscheinung durch römisch barocke Gestaltungselemente, im Innern durch die Schaffung des Großen Saals aufgewertet, dessen Bildprogramm auf Diana, die römische Göttin der Jagd, zugeschnitten war. Im nördlichsten der Pavillons richtete man die Schlosskirche ein, die 1715 in Erinnerung an das abgerissene Kirchlein der

Schwaige der hl. Magdalena geweiht wurde; der Altar der Seitenkapelle wurde dem Jägerpatron St. Hubertus gewidmet.

Mit der Rückkehr Kurfürst Max Emanuels aus dem Exil in Frankreich bzw. den Spanischen Niederlanden, 1715, waren nicht mehr Kunst und Kultur Italiens gefragt, sondern jene am Hof Ludwigs XIV.: Nymphenburg wurde zu einer gewaltigen (absolutistischen) Schlossanlage mit langen Blick- und Wasserachsen und einem weitläufigen französischen Park ausgebaut. Die Verantwortung hierfür lag in Händen des in Paris zum Architekten ausgebildeten Joseph Effner (1687–1745). Diesem Gärtnersohn aus Dachau wurde der Pariser Dominique Girard (um 1680–1738) als „Brunnenmeister" zur Seite gestellt. Effner plante zu beiden Seiten der bisherigen Anlage – wohl angeregt von Schloss Vaux-le-Vicomte südöstlich von Paris – je ein großes, eigenständiges Gebäudegeviert (sog. „Nebenschloss" mit je einem schmäleren Nebenhof). Dessen lange Trakte sollten durch turmartige Mittel- und Eckpavillons kastellartig gegliedert werden. Dadurch dass diese beiden Vierflügelanlagen nach Osten vorgeschoben und mittels ebenerdiger Galerien an die mittlere Baugruppe angebunden wurden, entstand stadtseitig ein weiträumiger Cour d'honneur. Schlussendlich kamen anstelle der geplanten Galerien zweigeschossige Verbindungsbauten, der „Orangerie- und Comödienhaustrakt" (ab 1750 „Küchenbau") im Süden sowie ein Gebäude für Passspiel (ein Kugelspiel) und Billard im Norden (später „Gardemeublebau", also Möbellager), zur Ausführung.

In der Querachse der Parkanlage wurden zwei „Maisons de plaisance" (Pagodenburg und Badenburg), etwas abgelegen im nördlichen Seitenboskett die Magdalenenklause errichtet. Die Idealansicht Joachim Beichs (1718) oder die danach gemalte Miniatur von Maximilian de Geer (1730) zeigen Schloss Nymphenburg etwa zum Ende der Regierungszeit Max Emanuels, bzw. das, was damals in Planung war; die nördliche Vierflügelanlage war nur in geringen Teilen realisiert, die südliche an der Gartenseite nicht geschlossen (vgl. Zeichnung von „Hofingenieur" Johann Adam von Zisla, um 1723, in der Staatlichen Graphischen Sammlung). Erst im 20. Jahrhundert sollte es gelingen, beide Höfe (und Nebenhöfe) entsprechend Effners Gesamtentwurf vollständig zu umbauen.

Während der Regierungszeit Kurfürst Karl Albrechts (1726–1745), der 1742 zum deutschen Kaiser gekürt wurde, entstand die Idee, östlich von Nymphenburg eine neue Stadt, die „Carlstadt" à la Karlsruhe, im Halbrund auf das Schloss hin zu orientieren. Verwirklicht wurden davon ab 1728 hauptsächlich nur die für Hofbeamte vorgesehenen Pavillons am Rondell, der von Effner geplante großzügige Ehrenhof in Gartenform und der Mittelkanal in Richtung München samt den beiden flankierenden Auffahrtsalleen.

In einen dieser Pavillons zog 1761 die – 1747 gegründete – Nymphenburger Porzellanmanufaktur, die dort bis heute ihren exklusiven Sitz hat. Den bis 1735 ummauerten Park des Schlosses bereicherte 1734 bis 1739 der ebenfalls in Paris zum Architekten geschulte Wallone François Cuvilliés der Ältere (1695–1768) um ein Jagdschlösschen für Kurfürstin Maria Amalia, die „Amalienburg", ein noch heute weltberühmtes Juwel des Rokoko.

Unter Kurfürst Max III. Joseph (reg. 1745–1777) konzentrierten sich die Baumaßnahmen – wenn man von der weiteren Realisierung längst geplanter Gebäude einmal absieht – mehr auf die Innenausstattung des Hauptschlosses, wovon die Modernisierung des „Großen" oder „Steinernen Saals" im Rokokostil durch Cuvilliés und Johann Baptist Zimmermann 1755–1757 besonders hervorzuheben ist. Auch der Park kam nicht zu kurz: Im südlichen Kabinettsgärtchen entstand nach Entwurf Cuvilliés bis 1757 ein reizvolles Vogelhaus, das Große Parterre wurde um Statuen und Vasen aus weißem Marmor bereichert. 1761 malte Bernardo Bellotto, genannt Canaletto, im Auftrag des Kurfürsten die Gesamtanlage von Schloss Nymphenburg auf zwei Veduten, je eine von Osten und Westen.

Am einschneidendsten und augenfälligsten war dann die geniale Umgestaltung des seit 1792 allgemein zugänglichen barocken Boskettgartens großenteils in einen englischen Landschaftspark durch Friedrich Ludwig von Sckell (1750–1823) 1804 bis 1823, verbunden mit dem Bau von Gewächshäusern wie dem „Palmenhaus". So fühlte sich der naturverbundene und botanisch interessierte Kurfürst Max IV. Joseph (reg. 1799–1825), ab 1806 König Max I. Joseph, in Nymphenburg sehr wohl und ließ auch hier für sich und seine Gemahlin neue Appartements einrichten.

Der Nordflügel: Geschichte und Nutzung bis zum Ende des 19. Jahrhunderts

Bereits 1716 entstand zum Betrieb der großen stadtseitigen Schlossfontäne der sogenannte **Johannis-Brunnturm**, der später den südöstlichen Eckpavillon des von Joseph Effner entworfenen nördlichen „Nebenschloss"-Gevierts bilden sollte. Das erste Pumpwerk stammte von Ferdinand Franz Albrecht Graf von der Wahl. 1808 erfolgte der Einbau einer neuen Anlage mit zwölf Pumpen, die ein Jahr zuvor der berühmte Ingenieur Joseph von Baader konstruiert hatte. Deren Tragegerüst, hintereinandergeschaltete Wasserräder und Waagebalken aus Holz, wurde 1835 von Hofbrunnenmeister Franz Höß in Metall ersetzt. Diese für ihre Entstehungszeit äußerst leistungsstarke Maschine ist (neben der etwas älteren im Grünen Brunnhaus des Schlossparks) ein hervorragendes Denkmal früher Ingenieurkunst.

Die Schlossanlage Nymphenburg, rechts das Geviert mit dem Orangerietrakt

Der Orangerietrakt; Detail aus der Vedute der Schlossanlage Nymphenburg von Bernardo Belotto gen. Canaletto, 1761

Sie tut heute noch ihren Dienst. Im Stockwerk über dem Pumpenraum befand sich zeitweise die Dienstwohnung des kurfürstlichen Brunnenknechts.

Ab 1724, also noch zu Lebzeiten Kurfürst Max Emanuels, wurde an den Johannis-Brunnturm der Osttrakt („Klosterbau“) der geplanten Vierflügelanlage angefügt. Zuvor wurden der östliche Teil des Nordtrakts („Kinderbau“) und der niedrigere und einfacher gestaltete Osttrakt des nördlichen Nebenhofs („Kapuzinerbau“) realisiert. In diesem Gebäude wurden – wie der Name sagt – einige Kapuzinerbrüder untergebracht, die bis 1802 den Hof seelsorglich zu betreuen hatten und hier auch ein 1718 eingeweihtes Hospiz unterhielten. Im Juli 1730 kamen Augustiner-Chorfrauen der Congrégation de Notre-Dame hinzu. Sie waren aus Luxemburg (das damals zu den Spanischen Niederlanden gehörte) gerufen worden, um armen Mädchen Erziehung und Bildung angedeihen zu lassen. Zu diesem Zweck bezogen sie nach Fertigstellung den Kloster- und Kinderbau, wo sie dann bis 1817 wirkten. Für sie integrierte Effner bis 1739 in den südlichen Teil des Klosterbaus die **Klosterkirche** „Zur hl. Dreifaltigkeit“. Diese prächtige Rokoko-Saalkirche mit Stuck von Johann Baptist Zimmermann sowie Altarfiguren von Johann Baptist Straub wurde 1937 profaniert und ausgeräumt, schließlich im Zweiten Weltkrieg durch Bomben zerstört. Das vom Kölner Kurfürst Clemens August, dem Bruder von Kurfürst Karl Albrecht, in Auftrag gegebene Hochaltarblatt von Giovanni Battista Tiepolo von 1737/38 befindet sich seitdem in der Alten Pinakothek; es zeigt den hl. Papst Clemens I., Patron des Stifters, in Verehrung der göttlichen Dreifaltigkeit.

Nachdem Orangerie und Komödien- bzw. Theatersaal im südlich des Hauptschlosses gelegenen Verbindungstrakt 1749 der Schlossküche hatten weichen müssen, führte Effners Nachfolger, Hofbaumeister Johann Baptist Gunetzrhainer (1692–1763), von 1753 bis 1755 den längst geplanten zweigeschossigen Südtrakt des nördlichen Gevierts auf. Die lange, monotone Front mit Blendarkaden im Erdgeschoss und Stichbogenfenstern im Obergeschoss wird durch je einen Pavillon im Zentrum und an den beiden Enden rhythmisiert. Sie ist von französischen Vorbildern wie dem Pariser Hôtel des Invalides inspiriert und war mehr oder weniger schon am anschließenden Osttrakt vorgegeben. Selbst die in Nymphenburg angewandte, zukunftsträchtige Kombination verschiedener Putzoberflächen (profiliert, glatt, rau) am Außenbau ist durch die Fassadengestaltung französischer Staatsbauten beeinflusst. Der Mittelpavillon des Südtrakts ist durch ein Uhrtürmchen überhöht, weswegen er „Uhrturm“ heißt. Seine beiden Schlagglocken sind mit „1755“ datiert, somit ein Anhaltspunkt für die Vollendung dieses **„Orangeriebau“** genannten Trakts. Er bildet das spiegelbildliche Pendant zu dem bereits zuvor erstellten Marstallbau – ebenfalls mit zentralem Uhrturm – gegenüber.

Im Erdgeschoss entstanden beidseits der mittigen Durchfahrt je ein **Orangeriesaal** von 25 m Länge, 7 m Breite und 5,50 m Höhe. Beide Räume waren von einem Gang an der Nordseite aus beheizbar und erhielten an ihrer Südseite Tageslicht durch hohe Rundbogenfenster, sodass hier mindestens 250 Zitruspflanzen überwintern konnten. Das Obergeschoss wurde über zwei doppelläufige Treppenhäuser erschlossen: Das eine befand sich im Mittelpavillon, ging also von der Durchfahrt aus, das andere lag im westlichen Eckpavillon (dem sog. „Pater-Frank-Turm") und geleitete zum **„Caffée-Zimmer"**, einem von drei Seiten durch insgesamt sieben Fenster erhellten „Salettl" im Eckpavillon. Dieses war – zumindest bis 1777 – mit blaugrundigen venezianischen Ledertapeten und einem vierteiligen Deckenfresko (darstellend Drechselkunst, Anatomie, Jagd und Alchemie) des aus Wien gebürtigen Malers Joseph Adam Mölck ausgestattet, der zwei Jahre später, 1759, auch die Gewölbefresken der Schlosskirche schuf.

Vom westlichen Treppenhaus gelangt man auch heute in den 33,60 m langen, 10,60 m breiten und 6,50 m hohen **„Hubertussaal"** oder „Langen Saal" über dem westlichen Orangeriesaal. Der von je neun Stichbogenfenstern an seiner Nord- und Südseite erhellte Festsaal war auch von der Treppenanlage des Mittelpavillons her zugänglich. Dementsprechend wiesen beide Schmalseiten des Saals je zwei Flügeltüren auf, zwischen denen jeweils ein offener Kamin, später ein großer gusseiserner Ofen prangte. Von den Wänden leiten über einem einfachen, kräftigen Gesims sogenannte „Vouten" (Kehlen) zur Spiegeldecke über, die sich in den Dachraum hinein erstreckt. Die einfache, weiß gefasste Holzvertäfelung der umlaufenden Sockelzone (sog. „Sockelpaneele") und die in die Laibungen eingelassenen inneren Fensterläden stammen zum Teil noch aus der Werkstatt des in Paris fortgebildeten Hofkistlers Johann Adam Pichler (gest. 1761). Laut Inventar von 1758 waren die Wände damals mit venezianischen Ledertapeten mit bunten Blumen- und Früchtemustern auf grünem Grund bespannt. Vor den Fenstern hingen lange weiße Leinenvorhänge. Bei festlichen Anlässen wurde der Saal durch geschnitzte und vergoldete Wandleuchter mit Spiegeln (sog. „Spiegelblaker") und durch mehrere zwölfarmige Deckenlüster beleuchtet.

Dieser 1757 fertiggestellte Fest-, Konzert- und Theatersaal im Piano nobile diente – wie schon der Name „Hubertussaal" nahelegt – offenbar wiederholt festlichen Abschlussveranstaltungen von Hofjagden; das nur aus Hockern bestehende Mobiliar ließ eine vielfache Nutzung ohne große Umstände zu. Ansonsten gab es den ebenfalls 1757 vollendeten, prächtigen „Steinernen Saal" im Hauptschloss.

Um der kurfürstlichen Familie einen direkten Zugang von ihren Gemächern zum Hubertussaal zu ermöglichen, wurde der neue Orangerietrakt 1755 durch den „Nördlichen Wassergang", der den dortigen Kanalarm überbrückt, mit dem Gardemeublebau und damit indirekt mit dem Hauptschloss verbunden, wie dies schon im Süden zwischen Küchenbau und Marstall der Fall war. Für die Besucher erfolgte der Zugang zu Orangerie und Hubertussaal durch das Tor im Mittelpavillon („Uhrturm“). Östlich des „Uhrturms“ reihten sich über dem zweiten Orangeriesaal exklusive Gästezimmer, wo z. B. 1759 das sächsische Kurprinzenpaar logiert hatte.

Um die umfängliche Festdekoration für die Feierlichkeiten anlässlich der Hochzeit Kaiser Josephs II. mit Maria Josepha von Bayern herstellen zu können, wurde der Hubertussaal im Winter 1764/65 zum Atelier umfunktioniert. Die Leitung der Arbeiten war keinem Geringeren als dem Rokokobildhauer Ignaz Günther übertragen worden. Unter Kurfürst Max IV. Joseph respektive König Max I. Joseph wurde der Saal dann wieder für Konzerte und kleinere Veranstaltungen genutzt.

Für 1809/10 sind eine Sanierung und anschließende Umgestaltung des Hubertussaals belegt. Die Baumaßnahme war notwendig geworden, weil sich die ca. 95 cm starke Nordwand im Saal-Mittelteil nach außen geneigt hatte. Dieses Problem, das am Orangerietrakt bereits erstmals 1761/62 zu einer umfangreicheren Dachreparatur sowie 1773 gar zum völligen Austausch der nördlichen Dachhälfte geführt hatte und im 20. Jahrhundert erneut die Statik des Saals gefährden sollte, war durch das Fehlen eines regelrechten Dachstuhls mit Zerrbalken über dem Hubertussaal verursacht. So mussten damals Dachkonstruktion und Saaldecke teilweise erneuert werden. Bei dieser Gelegenheit verlegte man den Fußboden neu und ersetzte die bisherigen Ledertapeten durch Wandmalereien, die der ansonsten wenig bekannte Hofmaler Johann Harscher wohl in klassizistischem Stil ausführte.

Nach dem Tod von König Max I. Joseph 1825 wurde es still um den Saal. 1835 holte König Ludwig I. aus Augsburg „Englische Fräulein“ (Maria-Ward-Schwestern) nach Nymphenburg, damit sie das inzwischen im Klosterbau des Nordflügels eingerichtete „Königliche Erziehungsinstitut“ weiter betreiben. Der Hubertussaal diente gelegentlich als Aula zur Durchführung von Schulfeiern. Damals war die nördliche Vierflügelanlage an der West- und Nordseite (mit Ausnahme des Kinderbaus) noch nicht mit Gebäuden, sondern immer noch mit hohen Mauern umschlossen. Zur Regierungszeit von Prinzregent Luitpold (1886–1912) wurde – wie beim Marstall – vor dem „Uhrturm“ eine schmale Betonbrücke über den Kanalarm gebaut.

Der Hubertussaal als Teil des Deutschen Jagdmuseums

NSDAP-Stadtrat und Hitler-Duzfreund Christian Weber, bald „Münchens eigentlicher Machthaber“ (Fuchsberger/Vorherr, S. 32), ersuchte im Mai 1935 – unter Berufung auf den Führer – den bayerischen Ministerpräsidenten und Finanzminister Ludwig Siebert unverfroren, „das Schloß Nymphenburg nebst dem Schloßpark und allen Zugehörungen" dem im Vorjahr gegründeten Verein „Deutsches Jagdmuseum e.V." als „Eigentum" – zumindest im Erbbaurecht – kostenlos für dessen Zwecke zu überlassen, die ursprünglich auch eine „Forschungs- und Lehrstätte für Jagdkunde" beinhalteten. Mit einem Deutschen Jagdmuseum sollte – wie es in der Satzung, § 2 hieß – nicht nur „das Verständnis und die Liebe für Wild und Jagd und damit zur Heimat und Natur" geweckt und gepflegt, sondern auch eine neue Münchner Attraktion geschaffen werden.

Bei einer Ortsbesichtigung Anfang Juni 1935, an der hochrangige Vertreter der Stadt München (Oberbürgermeister und Stadtbaurat) sowie des Finanzministeriums als Eigentümer der staatlichen Liegenschaft teilnahmen, kam man zu dem Schluss, dass der Mittelteil der barocken Schlossanlage für eine Nutzung als Jagdmuseum tabu sein müsse, hingegen die Vierflügelanlagen im Norden und Süden durchaus in Betracht gezogen werden könnten. Weber adaptierte den Schlosspark ab 1936 für die schwülstig-monströse Freilichtshow „Nacht der Amazonen", die dort bis 1939 alljährlich zum Abschluss des von ihm initiierten Pferderennens um das „Braune Band von Deutschland" stattfand und jeweils bis zu 2.500 Mitwirkende und rund 12.000 Zuschauer gezählt haben soll. Die weiteren Verhandlungen um die Unterbringung des Jagdmuseums in Nymphenburg erwiesen sich aus eigentums- und nutzungsrechtlichen Gründen sowie wegen einer Flut von warnenden Stellungnahmen als äußerst schwierig. Doch Weber, der unter anderem auch Präsident des Vereins „Deutsches Jagdmuseum e.V." war, ließ sich von Schloss Nymphenburg nicht abbringen. Schließlich gab er sich im Januar 1937 damit zufrieden, zunächst einmal den Orangeriebau im Nordflügel für sein Projekt zugesprochen zu bekommen, das in bewusster Konkurrenz zu einem ähnlichen Vorhaben von Reichsminister und Reichsjägermeister Hermann Göring in Berlin stand.

Obwohl die Räumung der Lager und Wohnungen schon im Februar und die Umbauarbeiten im April 1937 begonnen hatten, kam ein Mietvertrag erst im November 1938 zustande, rückwirkend zum 1. April 1937 und – angesichts der enormen Umbaukosten – unter Aussetzung der Mietzahlungen für zehn Jahre. Bauherr war, obwohl nur Mieter, der Verein. Die eigentlich als Hausherrin zuständige Schlösserverwaltung, die zunächst auch Entwürfe liefern durfte, hatte nur die Planvorlagen zu prüfen und die Bauausführung unter künstlerischem Aspekt zu überwachen, zumindest am Anfang. In technischer Hinsicht war das Hochbauamt der Stadt München verantwortlich, dem auch die Vergabe der Arbeiten und die Rechnungsprüfung oblagen. Die Museumspläne wurden immer ausgreifender, ungeachtet dessen, dass offiziell nur der Orangeriebau zur Verfügung gestellt war.

So hatte Weber bereits am 1. Februar 1937 den Englischen Fräulein die Nutzung des Kloster- und Kinderbaus aufgekündigt, um weitere Räume für sein Museum zu gewinnen. Im April ordnete das Kultusministerium die Schließung des Internats an, was rechtlich zugleich eine Ausweisung der Ordensfrauen ermöglichte. Am 20. Oktober drohte Weber mit Zwangsvollstreckung, sollten die Schwestern nicht bis zum 1. November 1937 die beiden Trakte völlig geräumt haben. Appelle des Landesamts für Denkmalpflege sowie anderer staatlicher und kirchlicher Institutionen und Persönlichkeiten – einschließlich Kardinal Michael von Faulhabers und Nuntius Eugenio Pacellis –, wenigstens die Klosterkirche wegen ihres „hohen kunstgeschichtlichen Werts“ und in Einhaltung des Reichs- sowie des bayerischen Konkordats zu bewahren, hatten zwar aufschiebende Wirkung, aber letztlich keinen Erfolg. Angeblich notwendige Trockenlegungsmaßnahmen bildeten im Frühjahr 1938 den Auftakt zur Profanierung der Kirche und damit zur Leerung ihrer Gruft, zur Beseitigung ihrer beweglichen Ausstattung sowie zur Übertünchung aller Fresken mit dem Ziel, den Saal zur Bibliothek des Jagdmuseums umzugestalten. Erhalten blieben von dem einstigen Sakralraum nur die Emporen und die Stuckaturen der Wände. Sie sollten dann am 4. Oktober 1944 – wie das in die sogenannte „Gartenhalle“ ausgelagerte Kircheninventar – einem Luftangriff der Alliierten zum Opfer fallen.

Die Ende April 1938 anscheinend von Adolf Hitler selbst genehmigten Entwürfe und ein Präsentationsmodell zum Ausbau des Jagdmuseums lieferte der renommierte Architekt Prof. Oswald E. Bieber (1876–1955). Er stand seit Herbst 1937 dem neu installierten Beratergremium des Vereins „Deutsches Jagdmuseum e.V.“ vor. Erfreulicherweise machte er den Gesamtplan Effners zur Grundlage seiner Überlegungen. So sollte in einer ersten Erweiterungsphase das große Geviert im Westen und Norden (im Anschluss an den Kinderbau) durch Neubauten mit schlicht gehaltenen Hoffassaden geschlossen und der Hof gartenmäßig in einem Springbrunnen zentriert werden. Danach sollte auch der nördliche, als Parkplatz vorgesehene Nebenhof völlig umbaut werden, anders als bei Effner, jedoch mit gleich hohen Gebäuden wie am Hauptgeviert.

Um eine bessere und attraktivere Erschließung des Südtrakts (Orangeriebau) mit dem Haupteingang des Museums zu erreichen, wurde 1937/38 vor dem Mittelpavillon eine neue, breitere Brücke aus Eisenbeton mit Tuffsteinverkleidung über den Kanalarm geschlagen, der Vorplatz terrassenartig gepflastert und mit einer Freitreppe sowie neobarocken Tuffsteinbalustraden nobilitiert. Dann wurde der „Uhrturm“ innen entkernt, d. h., das Erdgeschoss zu einer 12,20 m breiten, 12, 20 m tiefen und 10,80 m hohen, monumentalen Eingangshalle mit drei Portalen und einem Windfang im Süden umgestaltet und der ganze Pavillon zum Hof hin um etwa 4,50 m risalitartig erweitert. Von diesem überwölbten, durch zwei Geschosse reichenden Vestibül aus

Blick in einzelne Räume des Jagdmuseums, um 1938/39

waren zum einen die Kasse, Garderobe, Toiletten und Museumsräume im Parterre (Stein-/Eiszeitsaal im Westen, Orient- und Afrikasaal im Osten) zugänglich. Zum andern geleitete – gegenüber einer Nische mit einer Kopie von Hubert Gerhards „Tellus Bavarica", die damals als Diana interpretiert wurde – eine neue geradläufige Schachttreppe mit Schmiedeeisengeländer, Zwischenpodest und Rotmarmorstufen in Richtung Osten bequem zu einem ebenfalls neuen Vorsaal (sog. „Treppenhalle") im ersten Obergeschoss. In die flache Kassettendecke dieses von zwei Seiten belichteten Raums waren 24 von Prof. Richard Klein geschaffene Gemälde mit jagdbaren Tieren eingelassen. Von hier aus führte an der Südwand ein schmaler Gang Richtung Westen zum „Trophäen- und Festsaal", dem historischen Hubertussaal, in dem die prächtigsten und wertvollsten Jagdtrophäen zu sehen waren. Dieser Raum ist seitdem an der östlichen Schmalseite nur mehr durch eine Flügeltüre zu betreten.

Nach Vollendung der Umbauarbeiten in Orangerie- und Klosterbau, deren Eingabepläne erst Ende 1938, also nachträglich, der Lokalbaukommission zur Genehmigung vorgelegt wurden, erfolgte am 16. Oktober 1938 mit großem Aufwand, nämlich einer Feierstunde im Hubertussaal und einem großen Festzug „1000 Jahre Jagd und 1000 Jahre Trachten" durch München, die Eröffnung des ersten Abschnitts des Jagdmuseums, einer Mischung aus Kultur- und Naturkundemuseum in 21 Schauräumen.

Im Frühjahr 1939 begannen dann die Neubaumaßnahmen am großen Hof, die bis Kriegsbeginn auch noch weitgehend vollendet werden konnten. Zudem plante man damals spiegelbildlich die Errichtung zweier weiterer Vierflügelanlagen an der Westseite in den Schlosspark hinein, also eine Verdoppelung der Museumsanlage. Verwirklicht werden konnte davon bis zur völligen Baueinstellung 1941 allerdings nur der mittige Annex des „Dioramenhauses“ an der Gartenseite des neuen Westtrakts, und das nur im Rohbau. Die Außenputzgliederung in Angleichung an die historischen Trakte des 18. Jahrhunderts erfolgte erst 1972. Auch die vorgesehene Umbauung des nördlichen Nebenhofs kam nicht mehr zustande. Dagegen gelang es Christian Weber noch, dass ab 1939 das Marstallmuseum – in Ergänzung des Jagdmuseums – von der ehemaligen Hofreitschule am Marstallplatz nach Nymphenburg verlegt wurde, wo es sich heute noch befindet.

Wieder in Obhut der Schlösserverwaltung

Nach Auflösung des Jagdmuseums durch die Militärregierung im Oktober 1945 gelangte der ganze Nordflügel des Schlosses wieder unter die Fittiche der Schlösserverwaltung. Diese bezog umgehend den westlichen Teil des Orangerietrakts, die östliche Hälfte vermietete sie an die Stadt München als Rechtsnachfolgerin des Jagdmuseums zu Depotzwecken. Ab 1952 wurden die ehemaligen Orangeriesäle als provisorische Ausstellungsräume des ausgebombten Residenzmuseums genutzt. Nachdem dieses 1958 wiedereröffnet war, wurden im Orangeriebau Büroräume der Schlösserverwaltung eingerichtet, wozu man dünne Zwischenwände einzog. Etliche Objekte des Deutschen Jagdmuseums blieben noch bis zu dessen Neueröffnung in der säkularisierten Augustinerkirche 1966 gelagert. Der Hubertussaal diente bis Anfang der 1990er Jahre als Museumsmagazin der Schlösserverwaltung. 1990 wurde im West- und Nordtrakt, wo von 1945 bis 1984 die Zoologische Staatssammlung untergebracht war, das staatliche Naturkundemuseum „Mensch und Natur“ eröffnet, zu dem man durch einen ebenerdigen Durchgang am Pater-Frank-Turm mit Kopien steinzeitlicher Höhlenmalereien (Altamira) von Ferdinand Nockher gelangt, einem Überbleibsel des Jagdmuseums von 1938.

Die Englischen Fräulein konnten nach Beseitigung der Kriegsschäden, also nach Schließung der Baulücke in historischen Formen 1965/66, wieder den Klosterbau beziehen und dort 1967 ihren Schulbetrieb aufnehmen. Der wiedererstandene Raum der einstigen Kirche wurde Schulturnhalle. Der nördliche Nebenhof wurde Mitte der 1960er Jahre vom Bauamt der Ludwig-Maximilians-Universität mit niedrigeren zweigeschossigen Gebäuden umschlossen, in denen das Institut für Genetik

Der Orangeriesaal als Ausstellungsraum des Residenzmuseums in den 1950er Jahren

untergebracht wurde. Derzeit laufen Planungen einer Erweiterung des Museums „Mensch und Natur" an dieser Stelle durch Volker Staab, Berlin.

Anfang der 1980er Jahre wurden erstmals Stimmen laut, die Räume des Orangerietrakts wieder einer kulturellen Nutzung zuzuführen. Dieser Wunsch verstärkte sich, als 1989 die beliebten Nymphenburger Schlosskonzerte im Steinernen Saal aus konservatorischen Gründen eingestellt werden mussten. Im Sommer 1992 fanden dann zwei Benefizkonzerte im Hubertussaal statt.

Danach ging es – begleitet von entsprechenden archivalischen und technischen Recherchen – an die Planung von Generalsanierung (inklusive statischer Sicherung), Restaurierung und Umbau des Orangerietrakts zu einem neuen kulturellen und gesellschaftlichen Veranstaltungszentrum unter Berücksichtigung der hierfür erforderlichen Vorschriften (Brandschutz, Gewerbeaufsicht, Denkmalschutz usw.). Dabei stand bald fest, dass die überkommenen Bauteile des 18. Jahrhunderts mit denen der 1930er Jahre in Einklang gebracht werden sollten. Von 1999 bis 2003 wurde das Projekt in zwei Bauabschnitten realisiert. 2007 konnte ergänzend in der ehemaligen Dienstwohnung des kurfürstlichen Brunnenknechts im Johannis-Brunnturm der „Johannissaal" für Veranstaltungen aller Art mit bis zu 90 Personen eröffnet werden. Zu Zeiten des Jagdmuseums waren hier Gemälde, Waffen und Porzellanfiguren des Barock und Rokoko ausgestellt gewesen.

Kurt Faltlhauser

Wiederbelebung der kulturellen Nutzung des Hubertussaals

Nach der Zwischennutzung des Orangeriesaales als Ausstellungsraum des Residenzmuseums dämmerte der Hubertussaal zwei Jahrzehnte vor sich hin. Die Schlösserverwaltung nutzte den Saal als Depotraum. Hinzu kam, dass das gesamte Gebäude statisch immer instabiler wurde, vor allem durch Mängel an den historischen Dachstühlen. Es gab beängstigende Verformungen und eine Schräglage der nördlichen Außenwand, die dann 1994 durch ein Stahlgerüst abgestützt werden musste. Trotz der bereits erkennbaren Gefährdung der gesamten Bausubstanz wagte man1993 noch eine Präsentation der heute im Schloss Aschaffenburg beheimateten Korbmodell-Sammlungen unter dem Titel: „Rom über die Alpen getragen".

Diese eher zufällige kulturelle Nutzung gab wohl den Anstoß für die Idee des damaligen Präsidenten der Bayerischen Akademie der Schönen Künste, Heinz Friedrich, den Hubertussaal allein für die Veranstaltungen der Akademie zu gewinnen. In einem Brief an Ministerpräsident Max Streibl vom 5. Oktober 1992 klagt er: „Die Raummisere [in der Residenz] heute ist drückend und wird von Jahr zu Jahr drückender. Es wäre einfach ein Jammer, wenn die Leute uns deshalb meiden würden, weil sie bei uns an der Wand stehen oder gar auf der Treppe umkehren müssen […]. Ich hatte inzwischen die Gelegenheit mit Baron von Crailsheim über den Hubertussaal zu sprechen. Er vertritt die Meinung, dass vielleicht auch kleine Lösungen oder Zwischenlösungen in puncto Renovierungen möglich seien." Der Staatssekretär in der Bayerischen Staatskanzlei, Johann Böhm, antwortete Friedrich jedoch mit Schreiben vom 8. Dezember 1992: „Die von Ihnen angeregten Zwischenlösungen bei den Renovierungsmaßnahmen sind leider nicht möglich. Aufgrund der immer schwieriger werdenden Haushaltslage ist auch nicht zu erwarten, dass die Finanzierung der geplanten Umbaumaßnahmen in Kürze gesichert ist. Damit ist bedauerlicherweise weiterhin nicht damit zu rechnen, dass der Hubertussaal vor Ende dieses Jahrzehnts für Veranstaltungszwecke zur Verfügung steht."

Statische Probleme

Die statischen Probleme des Orangeriegebäudes erzeugen jedoch einen erheblichen Handlungsdruck. Zwar wird ein Gesamtprojekt bereits im April 1995 kalkuliert, in dem nicht nur Bausicherung und Grundsanierung, sondern auch die Nutzungen überschlägig geplant werden. In der Kostenrechnung der „Haushaltsunterlage Bau" schließt diese Konzeption mit etwa 8 Mio. DM ab. Da dies aber nicht finanzierbar ist, einigen sich Finanzministerium und Schlösserverwaltung darauf, die Gesamtmaßnahme in Bauabschnitte aufzuteilen. Der erste Abschnitt gilt der statischen Sicherung des Gebäudes; der zweite dem Ausbau des Orangeriegebäudes mit Hubertussaal für Veranstaltungszwecke. Als dritter Bauabschnitt werden „begleitende Maßnahmen", wie die Fassadeninstandsetzung, die Brückenreparatur oder die Ertüchtigung des Kanals definiert.

Die statische Sicherung des Orangeriegebäudes ist eine komplexe Ingenieuraufgabe. Tilmann Freudling berichtet in der Baudokumentation der Bayerischen Schlösserverwaltung: „Aufgabe war, insbesondere den seit der Erbauungszeit schiebenden Dachstuhl über dem Hubertussaal zur Ruhe zu bringen, die ihn tragenden dicken, aber schlampig gemauerten Pfeiler zu halten und die Holzbalkendecken zwischen Erd- und Obergeschoß für die künftig zu erwartenden Lasten zu verstärken. Für die statische Sicherung der Dachstuhlkonstruktion über dem Hubertussaal gab es jedoch die Vorgabe, den historischen Dachstuhl weitestgehend zu erhalten, weil er einer der wenigen im Schlossbereich ist, der noch aus der Erbauungszeit stammt." Zudem wird die Decke zwischen Orangeriesaal und Hubertussaal für künftige Nutzungen deutlich verstärkt, indem die vorhandenen Deckenbalken von oben her eingeschlitzt, stählerne T-Profile eingeführt und Holzbalken mit den Stahlprofilen verbunden werden. All diese Sicherungsmaßnahmen aus dem ersten Bauabschnitt werden in den Jahren 1999 und 2000 durchgeführt und letztlich mit 5,7 Mio. DM abgerechnet.

Der größere Betrag wird jedoch für die Nutzung des Gebäudes kalkuliert. Dafür ist damals aber kein Geld da! Die 1990er Jahre und vor allem die ersten zehn Jahre des 21. Jahrhunderts waren für die öffentlichen Haushalte tatsächlich extrem schwierige Zeiten. Unabhängig von den bescheidenen, ab 1999 drastisch zurückgehenden Steuereinnahmen war damals nicht zuletzt die deutsche Einheit durch den Bund, aber auch durch die Länder zu finanzieren. Dementsprechend ist es nicht verwunderlich, dass der stellvertretende Schlösserchef, Thomas Wöhler, bereits 1993 zu den Ausbauplänen im Hubertussaal strikt erklärt: „Wir haben dringendere Aufgaben, Restauration, die der Substanzerhaltung dient." An neue Dinge ist in dieser Zeit offenbar nicht zu denken.

Baustellenbesichtigung, v.r.n.l. S.K.H. Herzog Franz von Bayern, Dr. Kurt Faltlhauser und Dr. Hubert Mennacher

Zwei wichtige Initiatoren

Deshalb ergreifen zwei Personen die Initiative, die sich um die Wiederherstellung des Orangeriebaus höchste Verdienste errungen haben.

Da ist zunächst S. K. H, Herzog Franz von Bayern, damals noch Prinz Franz. Er ist besorgt über den Zustand des großartigen „Steinernen Saals“ im Mittelbau der Schlossanlage Nymphenburg. Lange Jahre veranstalteten die „Freunde der Residenz“ in diesem auch akustisch optimalen Raum die beliebten „Nymphenburger Konzerte“ bei Kerzenschein. Das Landesamt für Denkmalpflege hält diese Bespielung aber nicht mehr für vertretbar, so dass die Konzerte 1989 eingestellt werden müssen. Dies erhöht natürlich die Lautstärke der Forderungen nach einer kulturellen Nutzung des Hubertussaales. Prinz Franz ist einer der ersten und deutlichsten in der Riege der Fordernden. Der spätere Chef des Hauses Wittelsbach lässt es jedoch nicht bei Forderungen, sondern hilft mit bei der Finanzierung. Zu seinem 60. Geburtstag im Jahr 1993 bittet er erfolgreich, für die Wiederherstellung des Hubertussaales zu spenden.

Der zweite frühe Trommler für die völlige Wiederherstellung des Orangerietraktes ist Hubert Mennacher, der Vorstandsvorsitzende des Vereins „Freunde des Nationaltheaters“. Mennacher ist es, der mich bei einer Besichtigung des Saals im Jahr 1988 zum überzeugten Mitstreiter der Renovierungssache macht. Mit den Möglichkeiten der „Freunde des Nationaltheaters“ aquriert er Spenden. Tatsächlich kann er mir Jahre später, am 13. November 2000, schriftlich mitteilen, dass er für die „endgültige Wiederbespielbarmachung des Hubertussaales einen Betrag von 1.500.000 DM an den Freistaat Bayern überweisen wird.“ In dieser Summe sind inkludiert die Geburtstagsspenden von Herzog Franz und ein bescheidener Beitrag meinerseits, den ich anlässlich der Feier meines Geburtstags im Hubertussaal zusammenbringe.

Eine Finanzierungssackgasse

Trotz der Spenden erscheint die Finanzierung aus dem Staatshaushalt in der geschätzten Größenordnung für den zweiten Bauabschnitt von fünf Millionen nicht darstellbar. Deshalb wird immer wieder erwogen, den ganzen Innenausbau einem „Investor" zu überlassen, der dann als Betreiber der Räumlichkeiten seine Investition refinanzieren sollte. Auch ich begebe mich noch im Juni 1998 in einer Presseerklärung auf diesen Weg: „Für den notwendigen konzert- und veranstaltungsgerechten Ausbau setzen wir in erster Linie auf privates Kapital." Auch der Präsident der Schlösserverwaltung, Hanfstaengl, betont in einem Schreiben vom Juli 1997 an das Finanzministerium: „Da nach Auffassung des Bayerischen Staatsministeriums der Finanzen die Sicherung und Instandsetzung des Orangeriebaus im Bereich des Hubertussaales und insbesondere der Ausbau des Hubertussaales auf Staatskosten keine in den nächsten Jahren realistische Chance haben dürfte, schlägt die Schlösserverwaltung vor, zu versuchen, einen privaten Investor zu finden, der selbst oder in Form einer noch zu gründenden Gesellschaft die Sicherung und Instandsetzung des Bauwerks sowie den Ausbau und den Betrieb übernimmt."

Allerdings ist die Skepsis gegenüber einem derartigen Investorenmodell bei Experten groß. Sie wird mit dem Gutachten von Prof. Dr. Eckhard Heintz vom 30. November 1999 bestätigt. Er erstellt mit seinem „Institut für Internationales Kulturmanagement INK" auf der Basis seiner Erfahrung mit der Betreibung des Gasteig Kalkulationen, die zu dem Ergebnis führen, dass letztlich nur ein „Betreibermodell" und kein Investorenmodell für den Hubertussaal sinnvoll sei. Heintz plädiert für einen „neutralen Betreiber", weil „viele Kunden im gesellschaftlichen Bereich großen Wert auf die freie Wahl des Gastronomen/Caterers legen".

Der Freistaat befindet sich vor der Jahrhundertwende beim Hubertussaal-Projekt in einer fatalen Sackgasse: Haushaltsmittel stehen definitiv nicht zur Verfügung; die Investoren-Idee erweist sich als illusorisch und die privaten Spenden sind ansehnlich, reichen aber für den Ausbau nicht aus.

Weihenstephan hilft

Hier kommt dem Projekt als „deus ex machina" ein neuer Privatisierungsschritt zugute: Ich war als „Beteiligungsminister" fest entschlossen, alle Unternehmen im Staatsbesitz, die privatwirtschaftlich tätig waren und in Wettbewerb standen mit anderen Unternehmen, zu privatisieren. Eines dieser Unternehmen war eine Großmolkerei. Der Staat als Milch- und Käse-Produzent? Unmöglich!

Einbau einer Fußbodenheizung nach Verstärkung der Geschossdecke

Der Freistaat Bayern besaß seit 1967 den Staatsbetrieb Weihenstephan im Sinne des Artikels 26 der Bayerischen Haushaltsordnung. Weihenstephan wurde 1994 in eine GmbH und 1996 in eine Aktiengesellschaft umfirmiert, bei der der Staat 78,33 % und die Bayerische Landesbank Girozentrale 21,67 % der Aktien hielten. Der Umsatz dieses Unternehmens betrug im Jahr 1998 stolze 424 Mio. DM.

Auf die Ausschreibung der Molkerei Weihenstephan hin melden sich 17 Unternehmen; das größte ist die niederländische Großmolkerei Campina. Allerdings bin ich verpflichtet, dem Höchstgebot zu folgen, welches von einem Bieterkonsortium unter Führung der schwäbischen Molkerei Alois Müller GmbH & Co kommt. Diesem Konsortium gehören auch die Käserei Champignon Hochmeister GmbH & Co. KG in Lauben und die Molkerei Gropper in Bissingen an.

Die Schlussverhandlungen mit den Unternehmern führe ich aus Terminengpässen an einem denkwürdigen Sonntag bei mir zuhause. Da ab einer bestimmten Preishöhe die Bieter Hochmeister und Gropper nicht mehr mitziehen wollen, differenziere ich das Preisangebot auf besondere Weise: Müller sponsert neben dem bis dahin erreichten Kaufpreis von 111 Mio. DM einen ernährungswissenschaftlichen Lehrstuhl in Weihenstephan, den sich Wissenschaftsminister Hans Zehetmair schon lange wünscht. Die Laufzeit dieser Lehrstuhlfinanzierung beträgt acht Jahre. Der Bieter Müller zahlt also acht Mio. DM mehr als die beiden Partner im Bieterkonsortium.

Die Staatskanzlei hatte zwar fest geplant, den gesamten Verkaufserlös in weitere Hightech-Projekte zu stecken. Ich vereinbare jedoch mit dem Vorsitzenden des

Der Hubertussaal nach der Restaurierung und Neugestaltung, 2003

Haushaltsausschusses, Manfred Ach, dass wir 42 Mio. DM für den damals sehr knappen Investitionshaushalt der Schlösserverwaltung verwenden. Dabei muss sorgfältig unterschieden werden zwischen grundstockskonformen Investitionen und „konsumtiven" Maßnahmen. Der veranstaltungsgerechte Ausbau des Hubertussaales wurde damals mehr den konsumtiven Maßnahmen zugerechnet; aber da bereits im Haushalt etatisierte Investitionen der Schlösserverwaltung mit Privatisierungsmitteln realisiert werden können, wird Geld frei für Nymphenburg.

Mit dem Weihenstephan-Geld konnte auf Herrenchiemsee das neue Besucher-Informationszentrum am Landesteg gebaut werden (3 Mio. DM), kamen die Renovierungen im Neuen Schloss Bayreuth endlich voran (10 Mio. DM!), wurde Schloss Veitshöchheim renoviert und sein Garten erneuert (6 Mio. DM), die Cadolzburg grundsaniert (9 Mio. DM), auch die Burghausener Burg (4 Mio. DM); für Maßnahmen an der Befreiungshalle Kelheim wurden 3 Mio. DM bereitgestellt und für Schloss Höchstädt 7 Mio. DM.

Das alles schaffte „Haushalts-Luft" für den Hubertussaal! Auf dieser Finanzierungs-Basis konnte die Schlösserverwaltung die Ausschreibung des „[Orangerie-]Gebäudes zu Veranstaltungszwecken" auf den Weg bringen.

Auf die Auslobung hin bewarben sich 50 Architekten; das Architekturbüro Kunz & Kunz aus Neusäß bei Augsburg gewann diesen Wettbewerb. Im Oktober 2000 wurden mir zunächst Gesamtkosten von 14 Mio. DM vorgelegt; nach Herausnahme einiger Leistungen waren es letztlich 11,5 Mio. DM.

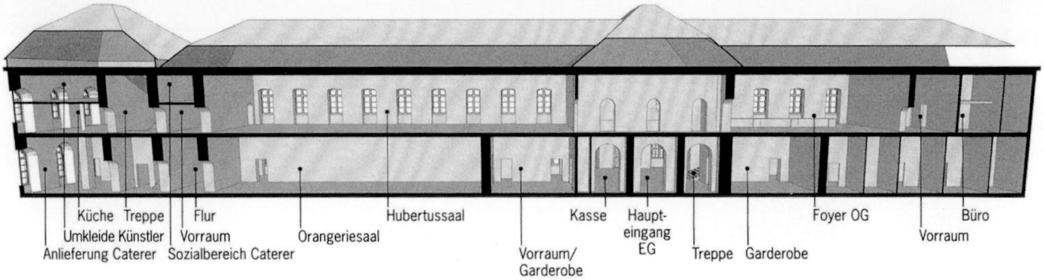

Raumübersicht von Hubertus- und Orangeriesaal

2007 konnte ich, ergänzend zum Orangeriesaal und zum Hubertussaal, in der ehemaligen Dienstwohnung des kurfürstlichen Brunnenknechts im Johannis-Brunnturm den „Johannissaal" eröffnen. Dieser quadratische Raum gibt Platz für bis zu 100 Personen. Meine Intention war es, in diesem Raum vor allem jungen Gruppen für klassische Musik eine kostenfreie Bühne zu bieten. Heute ist es mit dieser Kostenfreiheit nicht mehr weit her. Dafür wird der Raum jetzt auch genutzt für gesellschaftliche Veranstaltungen und für Eheschließungen.

Veranstaltungsmanagement

Bereits im Januar 2000 schloss sich das Finanzministerium der Auffassung des Gutachters Heintz an, einen „neutralen Betreiber" für die Säle zu suchen. Die Aufgabenstellung zur Rechtfertigung eines hohen Investitionsbedarfs war weniger die Wiederbelebung der beliebten „Nymphenburger Schlosskonzerte" im Hubertussaal, sondern die Anwerbung von weiteren kulturellen Veranstaltungen und auch von gesellschaftlichen Events, z. B. Hochzeiten, Festessen, Kongressen und Geburtstagsfeiern. Dies zu organisieren schien, so unser aller Auffassung, nicht die angemessene Arbeit der Schlösserverwaltung zu sein. Dementsprechend heißt es in der Ausschreibung (Bayerische Staatszeitung vom 11. Mai 2001): „Wir suchen einen professionellen Dienstleister für die Veranstaltungsplanung und das Veranstaltungsmanagement im Hubertussaal und im westlichen Orangeriesaal im Schloss Nymphenburg. Auswahlkriterien: Kenntnis und Erfahrung in der Planung und Realisierung des gehobenen und anspruchsvollen Kulturprogramms in München für ein größeres Publikum sowie einen kompetenten Ansprechpartner in München." Von den darauf einlaufenden Bewerbungen wurden vier zur Abgabe eines Angebots bis zum 6. Juli 2001 aufgefordert. Den Zuschlag erhielt das Institut für Internationales Kulturmanagement (INK) aus München. Dieses Büro, geleitet von Eckard Heintz, erledigte in den folgenden Jahren die Aufgabenstellung zur großen Zufriedenheit der Schlösserverwaltung.

Die lang ersehnte Eröffnung des wiederhergestellten Hubertussaals fand unter Beteiligung von 350 Gästen am 7. Juli 2003 statt. Mit dieser Eröffnung waren drei Ziele erreicht: Zum einen die bauliche Rettung und Belebung eines Teils der Nymphenburger Schlossanlage. Zum zweiten die Schaffung eines vor allem für kulturelle Zwecke zu nutzenden Saals, der für den westlichen Teil des Münchner Stadtgebiets neue Möglichkeiten bot. Zum dritten wurde die Chance eröffnet, ein Betreibermodell zu erproben, das vorher bei staatlichen Kultureinrichtungen noch nicht gewagt worden war.

Der Programmbeirat

Zur Begleitung der Arbeit des neutralen Betreibers wurde im Jahr 2003 ein „Programmbeirat“ gebildet, der satzungsgemäß die Aufgabe hatte, „gemeinsam mit dem Institut für Internationales Kulturmanagement GmbH den besonderen Qualitätsanspruch an das Programm der Veranstaltungen im Hubertussaal im westlichen Orangerietrakt zu gewährleisten.“ Der Beirat stand unter meinem Vorsitz, Mitglieder waren S.K.H. Franz von Bayern, der damalige Vorsitzende der Freunde des Nationaltheaters, Hubert Mennacher, der ehemalige Intendant des Bayerischen Rundfunks, Albert Scharf, sowie der damalige Präsident der Schlösserverwaltung, Egfried Hanfstaengl.

Dem ersten Bericht des Betreibers an diesen Programmbeirat ist zu entnehmen, dass 2004, dem ersten vollen Veranstaltungsjahr, bereits 235 Veranstaltungen überwiegend kultureller Art zu verzeichnen waren; in den darauffolgenden Jahren wurde die Anzahl der gesellschaftlichen Veranstaltungen deutlich mehr. Bereits im Jahr 2004 erzielte der Hubertussaal einen Jahresüberschuss von rund 234.000 Euro.

Das Konzept des aktiven Veranstaltungsmanagements ist also auch finanziell aufgegangen, der „Steinerne Saal“ von Schloss Nymphenburg ist dauerhaft entlastet und die Stadt München hat einen attraktiven Veranstaltungsort hinzugewonnen.

Sakral und Profan

Die Allerheiligen-Hofkirche

Der programmatische Satz König Ludwigs I. von Bayern (reg. 1825–1848) „Ich will aus München eine Stadt machen, die Teutschland so zur Ehre gereichen soll, dass keiner Teutschland kennt, wenn er nicht München gesehen hat", beschreibt zutreffend den kulturpolitischen Anspruch des Monarchen. Ein wesentlicher Baustein dieses „Neuen München" sollte die Residenz, der Herrschaftssitz der Dynastie Wittelsbach im Herzen der Hauptstadt des Königreichs, sein. Nach Entwürfen seines Hofarchitekten Leo von Klenze (1784–1864) ließ Ludwig I. repräsentative Trakte errichten, die das Erscheinungsbild des Baukomplexes entscheidend prägen sollten. Dass diese ludovizianische Residenz trotz weitgehender Zerstörung im Zweiten Weltkrieg erneut das Stadtbild bestimmt, ist dem Jahrzehnte währenden Wiederaufbau nach 1945 zu danken. Dabei spielte die Allerheiligen-Hofkirche eine besondere Rolle: Schon für den Abbruch freigegeben, weil ihre kunsthistorische Bedeutung lange verkannt wurde, war sie der letzte Trakt der Residenz, der wiederhergestellt und der Öffentlichkeit zugänglich gemacht wurde.

◁ *Die Ruine der Allerheiligen-Hofkirche nach ihrer Zerstörung im Zweiten Weltkrieg*

Sabine Heym

Entstehung – Zerstörung – Wiederaufbau

Kronprinz Ludwigs Idee

Die Jahreswende 1823/24 verbrachte Kronprinz Ludwig von Bayern auf seiner Reise durch Italien in Palermo. In der Christnacht soll er nach den Erinnerungen eines seiner Begleiter, des Arztes Johann Nepomuk Ringseis, nach dem Besuch der Christmette in der Cappella Palatina, der Palastkapelle des Normannenkönigs Roger II., tief beeindruckt ausgerufen haben: „Solch eine Schlosskapelle will ich haben!" Er stellte sich eine möglichst genaue Kopie der um 1130/40 errichteten, normannisch-byzantinischen Palastkapelle vor, um die Erinnerung an die zutiefst religiös erlebte Stimmung der Mitternachtsmesse in Palermo zu bewahren und den Zauber dieses bedeutsamen historischen Ortes nach München zu übertragen. Mit großer Begeisterung schilderte er dem Architekten Leo von Klenze, der am 21. Januar aus Agrigent, wo er den antiken Tempel aufgemessen hatte, nach Palermo zurückkehrte, sein Erlebnis und besichtigte mit ihm zusammen die Palastkapelle, aber auch die Dome von Monreale und Palermo, die für den Außenbau der neu zu errichtenden Kirche vorbildlich sein sollten.

Klenze, der überzeugte Klassizist, dessen Architekturauffassung auf Prinzipien der antiken Baukunst gründete, sollte nun für München eine Hofkapelle in byzantinisch-mittelalterlichem Stil entwerfen. Die Auseinandersetzungen zwischen Ludwig und Klenze um den Stil der Kirche nahmen hier ihren Anfang. Zunächst konnte der Architekt den Kronprinzen nur davon überzeugen, dass ein offener Holzdachstuhl wie im Dom von Monreale angesichts des Münchner Klimas problematisch, eine gemauerte Wölbung wie in San Marco in Venedig dagegen geeigneter sei.

Der Auftrag des Königs

Mit der Thronbesteigung im Oktober 1825 konnte Ludwig I. darangehen, seine Ideen und Pläne zu realisieren, darunter auch die neue Kapelle seiner Residenz. Bereits am 6. November erhielt Klenze vom König den Planungsauftrag; Anfang Dezember besichtigten sie gemeinsam den Bauplatz an der Ostseite der Residenz; im Frühjahr 1826 reiste Klenze nach Venedig, um mit dem Mosaizisten Liborio Salandri über die Innenausstattung zu verhandeln. Sein Hauptanliegen war aber das Studium des in der zweiten Hälfte des 11. Jahrhunderts errichteten Markusdoms, einer imposanten, überkuppelten Wandpfeilerkirche mit Emporen und reicher Mosaikausstattung. Sie galt Klenze als „prototypos des [von Ludwig] gewählten byzantinischen Styls“. Sie sollte anstatt der kleinen Palastkapelle in Palermo, die Klenze abschätzig als „unvollkommene Architektur“ bezeichnete, die man durch „größere Schönheit ändern und modifizieren“ müsse, zum Vorbild dienen.

Als am 1. November 1826, dem Allerheiligentag, der Grundstein für die neue Hofkirche gelegt wurde, existierten zwar erste Entwürfe des Architekten; bis zur endgültigen Form und Ausgestaltung des Kirchenbaus sollte es aber noch ein weiter Weg sein. Während der König – zitiert in der zugespitzten Diktion Klenzes – erklärte: „Ich will in München eine Sammlung von allem Vortrefflichstem bauen was ich sah, griechisch, römisch, byzantinisch, sarazenisch, gothisch p.p.“, lehnte der Architekt dies als Eklektizismus ab und beschrieb die Jahre 1826/27 als seinen „Kampf für klaßischen Styl d. Allerheil. Capelle“. Weitere Auseinandersetzungen um die Ausrichtung und die innere Gestaltung der Kirche sollten folgen.

Der Ausbau der Residenz

Der Bauplatz für die neue Hofkapelle stand von Anfang an fest. Die Residenz war seit den Zeiten Kurfürst Maximilians I. (reg. 1598–1651) im äußeren Erscheinungsbild nicht mehr grundlegend verändert worden und präsentierte sich zu Anfang des 19. Jahrhunderts auf der Nord-, Süd- und Ostseite als ein Konglomerat unterschiedlichster Bauteile aus mehreren Jahrhunderten. Der Palastkomplex war, ausgehend von einer 1385 begonnenen Burganlage, der Neuveste, von Generationen Wittelsbacher-Herrschern um mehrere Höfe und Gartenanlagen nach Westen zur Stadt hin erweitert worden. Nur die aus maximilianischer Zeit stammende Fassade entlang der heutigen Residenzstraße vermittelte einen repräsentativen Eindruck. Alle Projekte für eine Neuordnung der Residenzanlage zu einem geschlossenen architektonischen Komplex insbesondere an der Ostseite, etwa von François Cuvilliés d.Ä.

(1764–1766), Maximilian von Verschaffelt (1799), Andreas Gärtner (um 1800) und Carl von Fischer (1808/09) waren nie über das Planungsstadium hinausgekommen. Max I. Joseph, seit 1806 erster König von Bayern, überließ es seinem Sohn Ludwig, die Residenz dem neuen Rang entsprechend zu erweitern.

Auf der Südseite, am Max-Joseph-Platz, der durch den Abriss des 1803 säkularisierten Franziskanerklosters entstanden war und wo seit 1818 das königliche Hof- und Nationaltheater stand, sollte Klenze einen Wohnpalast für Ludwig I. errichten. Der programmatisch „Königsbau" genannte Trakt mit einer an Florentiner Renaissancepalästen orientierten Fassade wurde in den Jahren 1826 bis 1835 gebaut. Auf der Nordseite, gegen den Hofgarten, wurde ebenfalls nach Entwürfen Klenzes ab 1832 der so genannte „Festsaalbau" mit Repräsentationsräumen und dem Thronsaal errichtet. Dieser Trakt mit Reminiszenzen an die Antike, die italienische Architektur des 16. Jahrhunderts eines Andrea Palladio und den französischen Klassizismus wurde an der Ostseite der Residenz fortgesetzt. Der Flügel am Marstallplatz, gegenüber dem Klenze schon 1820 bis 1825 die Hofreitschule erbaut hatte, nahm das Prunktreppenhaus für den Festsaalbau, Vorsäle und auch die Hofapotheke auf. Damit waren die Überbleibsel der 1750 größtenteils abgebrannten mittelalterlichen Neuveste verschwunden.

Zwischen dem so genannten Apothekenflügel und den beiden Theatern, der neuen Hofoper und dem von François Cuvilliés d.Ä. 1751 bis 1753 errichteten alten Hofopernhaus mit ihren rückwärtigen Bühnenfassaden zum Marstallplatz hin, befand sich ein noch unbebautes Gartengrundstück östlich des Brunnenhofes der Residenz im Bereich des mittelalterlichen Stadtgrabens, und zwar an der Stelle eines alten Brückenübergangs: der Bauplatz für die Allerheiligen-Hofkirche.

Anbindung an die Residenz und Funktion

Der Tradition und den zeremoniellen Gepflogenheiten entsprechend war eine enge Anbindung der Hofkirche an die Wohnräume des Herrschers gewünscht. Am gewählten Platz konnte Ludwig I. von seinem Appartement im neuen Königsbau aus über die von Klenze prunkvoll ausgestaltete so genannte Gelbe Treppe und den historischen Schwarzen Saal aus der Zeit um 1600 die für den Hofstaat reservierten Emporen der Kirche auf direktem Weg erreichen.

Die älteren Kapellen der Residenz, die Georgskapelle der Neuveste und die noch bestehende, zwischen 1601 und 1630 unter Kurfürst Maximilian I. erbaute und der Gottesmutter Maria geweihte Hofkapelle am Kapellenhof, waren als Palastkapellen, wie auch die Cappella Palatina in Palermo, jeweils in die Bautrakte integriert und traten nicht als eigenständige Bauten in Erscheinung. Dementsprechend hatte auch Klenze zunächst geplant, die neue, größere Kapelle ohne eigene Fassade an die Brunnenhoftrakte anzuschließen und nur die Rückseite mit der Apsis – der klassischen Orientierung christlicher Kirchen folgend – gegen den Marstallplatz auszurichten. Schon in Palermo hatte Ludwig I. allerdings mit dem Verweis auf die sizilianischen Dome, die Idee eines weitgehend freistehenden Baues mit Fassade entwickelt. Obgleich seit Sommer 1827 die Arbeiten an den Fundamenten, die wegen des sumpfigen Geländes im ehemaligen Wassergraben auf Pfahlroste gegründet werden mussten, begonnen hatten, wurden die Planungen noch einmal modifiziert und die Kirche um 180 Grad gedreht. Leo von Klenze begrüßte diese Entscheidung aus städtebaulichen, der König aus politischen Gründen.

Programmatisch umrahmten die ludovizianischen Neubauten die historische Residenz. Sie erfuhr, ganz im Sinn des damals vorherrschenden und auch von Ludwig I. vertretenen Geschichtsverständnisses, keinerlei Umbauten und sollte auf diese Weise zur Legitimation des königlichen Herrschersitzes beitragen. Ähnlich programmatisch ist der Bau der katholischen Hofkirche der königlichen Residenz zu sehen: Sie sollte der erste Kirchenneubau nach der Säkularisation sein und wurde ganz bewusst „allen Heiligen" geweiht und vom König konsequent als „Allerheiligenhofkapelle" bezeichnet. König Ludwig I., der sich gegen den einseitigen Rationalismus der Aufklärung wandte, förderte – entgegen der Säkularisation zu Beginn des Jahrhunderts – im Sinn einer christlichen Erneuerung die Wiederherstellung der Klöster, die Kirchenmusik, aber auch die zuvor unterdrückten religiösen Bräuche, wie die Tradition der Wallfahrten und Prozessionen, die alle im kirchlichen Jahresablauf seit Jahrhunderten lebendiger Ausdruck altbayerischer Frömmigkeit waren. Zugleich hielt er sich weitgehend an die Toleranzedikte seiner Vorgänger und genehmigte 1827 den Bau einer protestantischen Kirche in der Münchner Sonnenstraße aus Staatsmitteln. Bis 1833 hatte die im Jahr 1800 für Königin Caroline und ihren Hofstaat provisorisch im ehemaligen herzoglichen Ballhaus am Brunnenhof der Residenz eingerichtete protestantische Hofkirche auch als Kirche für die Münchner Bürger evangelischen Glaubens gedient. Der Neubau einer protestantischen Kirche außerhalb der Residenz war Voraussetzung dafür, dass die katholische Allerheiligen-Hofkirche zum alleinigen geistlichen Mittelpunkt des Herrschersitzes werden konnte. Mit der neuen Ausrichtung der Fassade zum Marstallplatz konnte Ludwig I. seine Hofkirche zugleich dem Volk öffnen, so wie er auch in einem Akt königlicher Selbstdarstellung den Königsbau während seiner Abwesenheit nach Voranmeldung der Öffentlichkeit zugänglich machte.

Allerheiligen-Hofkirche und Ostflügel der Residenz am Marstallplatz; Stahlstich von Mey & Widmayer, nach 1842

Die Ausführung

Erst mit dem im Sommer 1828 von Klenze vorgelegten Ausführungsentwurf stand die endgültige Gestaltung der Kirche fest. Gescheitert war Klenze 1827 mit einem Versuch, den vom König geforderten, von ihm selbst aber ungeliebten byzantinischen Stil zumindest am Außenbau durch einen Alternativentwurf im Stil der Renaissance zu ersetzen. Klenze kommentierte diese Kontroverse, nicht ohne Anflug von Selbstgefälligkeit, später so: „[...] ich mußte meinen Entwurf oft modificieren, bis er, ich darf es sagen, byzantinisch-schlecht genug war, um vollen Beifall und Zustimmung zu erhalten. Nun escamottirte ich aber im Laufe des Baues gleichsam dieses Schlechte nach und nach, ohne daß der König es merkte, und behielt nur das Wesentliche bei, und so ward erreicht, was ihn und alle Welt jetzt entzückte."

Das Ergebnis war allerdings eine – schon von den Zeitgenossen kritisierte – gewisse Diskrepanz zwischen dem Äußeren und dem Inneren des Sakralbaus: Während die Fassade mit den von Klenze so bezeichneten „Seitentbauten" ein basilikales Schema vortäuscht, folgt der Innenraum dem Typus der Wandpfeilerkirche mit Emporen, die mit breiten Tonnengurten und zwei Flachkuppeln gewölbt ist. An einen Vorraum mit darüber liegender Orgelempore schließt sich der Hauptraum an. Der Chorraum ist durch eine Einziehung sowie mehrere Stufen abgesetzt und schließt nach einer erneuten Einziehung mit der halbkreisförmigen Apsis. Wesentliches Element des Innenraums sind die Emporen, die von je einer dreibogigen Säulenarkade getragen, von Quertonnen überwölbt und durch die mittleren Pfeilereinzüge hindurchgeführt sind. Die unter den Emporen liegenden, flach gedeckten Begleitfluchten münden in zwei kleinen Nebenapsiden, wodurch sie den Charakter von Seitenschiffen erhalten. Die zusätzlich auf beiden Seiten angegliederten Seitenbauten mit Nebenräumen für Kirchendienst und -geräte rechts sowie für Musikpersonal, Pagen und eine Sakristei links spielten für das Erscheinungsbild des Innenraums keine Rolle. Obwohl San Marco in Venedig als Vorbild diente, gelang es Klenze in struktureller Übereinstimmung mit Entwürfen des französischen Neoklassizismus und im Sinn klassizistischer Tektonik eine durchaus seinen Vorstellungen entsprechende, letztlich an antikem Vorbild orientierte Raumarchitektur zu gestalten.

Auch beim Außenbau suchte Klenze sich von den von Ludwig I. gewünschten palermitanischen Vorbildern zu lösen und durch klare Gliederung und Reduktion auf wenige wiederkehrende Bauelemente aus seiner Sicht eine Synthese byzantinischer, romanischer und italienisch-mittelalterlicher Architekturformen zu schaffen. Dazu tragen die Rundbogenfenster, die durchgehende Lisenengliederung und die Rundbogenfriese auf Konsolen bei. Ecktabernakel über den Lisenen am Ansatz des Daches akzentuieren die Silhouette des Baus. Während die vom Marstallplatz aus weniger sichtbaren Seitenfassaden in kostensparender Putztechnik mit einer einen Steinbau imitierenden Quaderbemalung ausgeführt wurden, konnte Klenze für die an lombardischen Vorbildern orientierte, tafelartig vorgesetzte Fassade die Ausführung in so genanntem Abbacher Grünsandstein wie am Königsbau der Residenz durchsetzen. Die Schauseite wird durch eine gotisierende Fensterrosette über dem Portal akzentuiert. Bauplastik ist nur sparsam eingesetzt: Im Tympanon über dem Eingangsportal zeigt das Sandsteinrelief von Konrad Eberhard Christus als Weltenrichter auf einem von den Symbolen der Evangelisten gebildeten Thron; zuseiten knien anbetend Maria und Johannes der Täufer. Darüber erscheinen die vollplastisch gearbeiteten Statuen der Apostel Petrus und Paulus.

In ihrer Formgebung im Stil eines frühen romantischen Historismus setzte die Architektur der dreiseitig freistehenden, rechts von einem mit Bäumen bestandenen Gartenbereich flankierten Kirche am Marstallplatz einen ausgesprochen malerischen, fast klösterlich wirkenden Akzent.

Die Ausgestaltung des Innenraums

Erst beim Betreten des Innenraums entfaltete die von den Dimensionen nicht sehr große Kirche (42 m lang, 30 m breit, 23 m hoch) eine überraschende Atmosphäre. Ursprünglich sollten gemäß den italienischen Vorbildern Boden und Wände mit farbigem Marmor und die Emporen, Kuppeln und Apsiden mit Mosaiken auf Goldgrund ausgestattet werden. Allein das Pflaster, die Stufen, die Altäre und die Ambonen wurden nach Entwürfen Klenzes in vielfarbigem Marmor ausgeführt, ebenso die Säulen aus rotem Salzburger Marmor mit vergoldeten Kompositkapitellen auf Basen aus weißem Marmor. Die aufgehenden Wände dagegen wurden aus Kostengründen in Scagliola (Stuckmarmor) gestaltet, was allerdings einer alten Tradition in der Münchner Residenz entsprach, war diese doch schon im 17. Jahrhundert unter Kurfürst Maximilian I. für ihre farbigen Stuckmarmorintarsien berühmt.

Obgleich Klenze bereits 1826 mit dem venezianischen Mosaizisten Salandri einen Vertrag für die Mosaikarbeiten in der Allerheiligen-Hofkirche ausgehandelt hatte, empfahl er dem König wegen der immensen Kosten von etwa 800.000 Gulden und der durchaus problematischen technischen Realisierbarkeit als Alternative farbige Malereien auf Goldgrund. Als er hierfür den soeben an die Münchner Akademie berufenen Heinrich Maria von Heß vorschlug, reagierte Ludwig I. zunächst ablehnend. Heß, der sein Studium bei dem Klassizisten Peter von Langer 1817 abgebrochen hatte, nach Italien gegangen war und sich dort den Nazarenern zugewandt hatte, erschien dem König nicht geeignet, den gewünschten hieratisch-byzantinischen Stil umzusetzen. „Nein, nein, nicht den", ließ er Klenze wissen, „der würde, was ich will nicht machen." Dennoch erhielt Heß 1829 den Auftrag. Als der Außenbau nach dem Richtfest am 14. Oktober 1829 unter Dach war, konnte 1830 mit den Freskomalereien begonnen werden. Sechs Jahre benötigten Heß und seine Mitarbeiter für die Ausführung; 44.300 Gulden hat die Ausmalung schließlich gekostet.

Allerheiligen-Hofkirche, Innenraumansicht; Franz Xaver Nachtmann, 1839 ▷

ET VIDIMUS GLORIAM EIUS

Das Bildprogramm

Das äußerst komplexe Bildprogramm umfasste Szenen des Alten und Neuen Testaments von der Schöpfungsgeschichte bis zur Auferstehung und Himmelfahrt Christi. In der Vorhalle wurden die Künste und Wissenschaften in ihrer Verbindung zur Religion dargestellt. Eine Veröffentlichung aus dem Jahr 1837 von Johann Georg Schreiner publizierte in großformatigen Lithographien „Die Fresco-Gemälde der königlichen Allerheiligen Hofkapelle zu München" und fasste deren Ikonologie zusammen: „Die erste Kuppel mit ihren beiden Seitenlogen ist dem neuen, die zweite dem alten Testament gewidmet […]. Die Chornische zeigt die Verklärung der Heiligen des alten und neuen Bundes in der triumphierenden Kirche mit Hindeutung auf die Fortwirkung des göttlichen Geistes in der sichtbaren Kirche."

Der Stil der Fresken war im Sinn einer romantischen Auffassung an Werken der italienischen Renaissance orientiert. „Raphaelischer Zeit, würdiger Meister bist du", dichtete Ludwig I. noch 1847 über den zunächst abgelehnten Heinrich Maria von Heß. Die den ganzen Raum füllende, stimmungsvoll-mystische Bilderwelt in intensiven Farben auf goldenem Grund hatte den König begeistert. „Nichts gleicht dem Enthusiasmus des Königs über die Allerheiligencapelle", notierte Klenze. Mit der Bilderwelt der Allerheiligen-Hofkirche wurde der „antike" Freskenzyklus der Glyptothek und der „teutsche" der Nibelungensäle im Königsbau um einen „christlichen" ergänzt. Der Bilderzyklus darf als eines der ersten und gelungensten Werke der wiederbelebten religiösen Monumentalmalerei des 19. Jahrhunderts gelten.

Die Lichtführung

Entscheidenden Anteil an der besonderen Wirkung des Innenraums, der von den Zeitgenossen vielfach beschrieben und in Darstellungen verbreitet wurde, hatte die Lichtführung: Durch die mit Grisaillemalereien versehenen Fenstergläser an den aufgehenden Wänden fiel das Licht über die Emporen in den Raum und tauchte diesen in ein die Farbigkeit der Malereien und Goldgründe harmonisierendes Halbdunkel. Auch die gedämpften, warmen Farben des Marmorfußbodens und die Scagliola-Dekoration der Wände in Mattgrün, Dunkelgrau, Rotbraun und Gelbblau trugen zur Gesamtwirkung wesentlich bei. Durch das Radfenster der Ostfassade schließlich fiel das Licht vormittags auf das farbige, reich ornamentierte Marmorpflaster und in den Chor, erleuchtete die Kuppeln und die Hauptapsis; mittags waren die südseitigen Quertonnen der Emporen am hellsten beleuchtet. In ein mystisches Dunkel getaucht blieben nur die unteren Abseiten, wo an den Altären der beiden Apsiden die Patrone der wittelsbachischen Hausorden, die Heiligen Georg und Hubertus, zu Füßen Christi sowie die Namensheiligen des Königspaars, die Heiligen Ludwig und Theresa, zu Füßen der Gottesmutter Maria dargestellt waren.

Die Ausstattung

Klenze hat auch die gesamte Ausstattung der Kirche entworfen. Die Altäre und die von geflügelten Löwen getragenen Ambonen folgten dem florentinischen Inkrustationsstil des 15. Jahrhunderts. Die bronzevergoldeten Altar- und Wandleuchter, aber auch das Mobiliar, von den Sitzmöbeln und Betpulten der Emporen bis hin zu den Tischen und Schränken der Nebenräume, entsprachen dem für Klenze typischen, an der Antike orientierten klassizistischen Stil, den er auch bei der Ausstattung der von ihm errichteten Wohn- und Repräsentationsräume der Residenz vertreten hatte. Das Mobiliar der Hofkirche war ebenso wie das der Residenz in einer dem höfischen Zeremoniell entsprechenden Rangabstufung gestaltet. So waren die Möbel für die Empore der Majestäten und der königlichen Familie, für den Bischof und weitere kirchliche Würdenträger ganz vergoldet bzw. weiß-gold gefasst und mit roten Damastbezügen versehen. Alle weiteren Möbel im Kirchenraum aus Nussbaumholz blieben ungefasst. Im Kontrast dazu sind bautechnische Innovationen, wie der Einbau einer seinerzeit hochmodernen Warmluftheizung, bemerkenswert.

Vollendung und Weihe

Am 29. Oktober 1837 wurde die Kirche durch Erzbischof Lothar A. von Gebsattel geweiht. Begleitet wurde das Hochamt von Vokalmotetten der königlichen Hofkapelle. Nach italienischem Vorbild galt für Ludwig I. die Choralmusik als die eigentliche und allein wahre sakrale Musik. Dafür bot die ausgezeichnete Akustik des Raums den angemessenen Rahmen. Im Frühjahr 1839, mehr als 15 Jahre nach der Christmette in der Cappella Palatina, schrieb König Ludwig I. aus Palermo an Klenze: „Der Dom von Monreale […] gefiel mir nicht mehr, gewöhnt an die herrliche, von Ihnen gebaute und von Heß mit Fresken gezierte Allerheiligenhofcapelle.“

Mit ihrer Übereignung 1842 an den Staat wurde sie zur Allerheiligen-Hofkirche. Als einziger großer und repräsentativer Kirchenbau Leo von Klenzes – des neben K. F. Schinkel wohl bedeutendsten deutschen Architekten der ersten Hälfte des 19. Jahrhunderts – und als Ausdruck der kunst- und kirchenpolitischen Intentionen Ludwigs I. stellte sie ein Baudenkmal ersten Ranges dar.

Zerstörung – Missachtung – Verfall

Durch zahlreiche Luftangriffe während des Zweiten Weltkriegs auf München wurde auch die Residenz weitgehend zerstört. Die Fassade der Allerheiligen-Hofkirche erlitt beim Aufschlag einer großen Luftmine auf dem Marstallplatz in der Nacht vom 2. auf den 3. Oktober 1943 noch heute sichtbare Splitterschäden. Bei dem Angriff vom 18. März 1944, der das direkt benachbarte Cuvilliés-Theater zerstörte, wurde die Kirche erneut beschädigt. Der schwere Luftangriff vom 24. auf den 25. April 1944 führte schließlich zu einem Großbrand im gesamten Areal der Residenz. Die Hitze des Feuersturms zerstörte die filigrane Fensterrose in der Fassade der Allerheiligen-Hofkirche, ihre Kuppeln stürzten ein, die Deckengemälde und bis auf Teilbereiche auch die Scagliola-Dekoration der Wände gingen verloren.

Obgleich etwa 70 Prozent des aufgehenden Mauerwerks noch standen, nahmen die Verantwortlichen bei der Bayerischen Schlösserverwaltung, an der Spitze ihr erster Nachkriegspräsident, der Architekt Rudolf Esterer, die Allerheiligen-Hofkirche nicht in die Wiederaufbauplanung der Residenz auf. Im Gegensatz zu Trakten aus anderen Epochen schätzte man damals die „Neo-Stile“, Klassizismus und Historismus, gering. Auch wegen des unwiederbringlichen Verlusts des größten Teils der Ausmalung, in der man das inhaltlich wie gestalterisch wesentlichste Element der Raumwirkung sah, wurde eine bloße Wiederherstellung der Architektur abgelehnt. Diese Haltung führte beinahe zur Aufgabe des Sakralbaus, denn ein Plan vom Juni 1947 sah vor, in der Kubatur der Allerheiligen-Hofkirche ein Theater mit der historischen Logenarchitektur des alten Cuvilliés-Theaters einzurichten und dieses mit dem benachbarten neuen Residenztheater durch einen Trakt mit einer für beide Theater nutzbaren Seitenbühne zu verbinden.

Auch wenn diese Planung so nicht realisiert wurde, errichtete man 1956 bis 1958 an der Stelle des genannten Verbindungsbaues ein Büro- und Werkstattgebäude für die Staatstheater, wofür der vergleichsweise gut erhaltene südliche Seitenbau der Allerheiligen-Hofkirche abgerissen wurde. Die Kirchenruine, welche von der die übrige Residenz umfassenden, so genannten „Dachaktion“ der Jahre 1952 bis 1957 ausgeschlossen blieb, verfiel – ungeschützt der Witterung ausgesetzt – zusehends. Mit dem Neubau eines Kulissenmagazins für die Staatstheater, 1959 bis 1963, unmittelbar vor der Fassade der Allerheiligen-Hofkirche wurde diese nun auch vom Marstallplatz isoliert.

Die zerstörte Allerheiligen-Hofkirche vor dem Abriss des linken, südlichen Seitenbaus

Späte Rettung

Wie der damalige Vorstand der Residenzbauleitung, der Architekt Toni Beil, später schilderte, erreichte ihn am 23. Dezember 1963 zunächst fernmündlich der Auftrag zum Abbruch der Ruine der Allerheiligen-Hofkirche, den er allerdings nicht gerade vordringlich bearbeitete. Als nach entsprechender Ausschreibung schließlich das Auftragsschreiben an die Abbruchfirma zur Unterschrift auf seinem Schreibtisch lag, unterzeichnete er dieses nicht, sondern legte es nochmals zur Prüfung der vorgesetzten Dienstbehörde vor, wodurch er erreichte, dass die Maßnahme erneut diskutiert und die Kirche vorerst nicht abgebrochen wurde.

Nach weiteren Debatten, Stellungnahmen und Gutachten konnte schließlich nach dem Landtagsentscheid von 1968 mit konstruktiven Sicherungsmaßnahmen an der Ruine begonnen werden: Mit der Überdachung wurde der Münchner Architekturprofessor Hans Döllgast (1891–1974) betraut, der bereits den allseits geschätzten architektonischen Wiederaufbau der Alten Pinakothek Leo von Klenzes in München verantwortet hatte. Nach seinen Entwürfen wurde 1970 ein minimalistisch gestalteter, offener Dachstuhl als Schutz vor der Witterung aufgebracht. Als Alternative hatte er aber auch eine Einwölbung im Sinne der von Klenze intendierten Klassizität des Kirchenraumes skizziert. Die Diskussion um eine konkrete Nutzung für die nun zunächst vor dem weiteren Verfall geschützte Ruine sollte sich aber noch Jahre hinziehen. 1978 richtete man provisorisch im noch vorhandenen nördlichen Seitenbau Restaurierungswerkstätten ein.

Unmittelbar vor dem endlich genehmigten Beginn des Wiederaufbaus wurde dem inzwischen verstorbenen Hans Döllgast 1987 in der Kirche eine Gedächtnisausstellung gewidmet, in deren Folge zahlreiche Kulturschaffende nun wiederum für die Beibehaltung der eindrucksvollen Ruine und des von Döllgast geschaffenen filigranen Notdachstuhls plädierten. Da die Weichen für den weiteren Ausbau aber bereits gestellt waren, wurden die Gewölbe und damit die von Klenze intendierte Raumarchitektur wiederhergestellt. Die ursprüngliche Absicht, die Mauerwerksflächen mit einer vereinheitlichenden Putzschlämme zu versehen, wurde von Lothar Schätzl, dem Amtsnachfolger Toni Beils, zugunsten einer denkmalgerechteren Sichtbarkeit des historischen wie des ergänzten neuen Ziegelmauerwerks aufgegeben. Dieser „Rohbauzustand“ erlaubt den Nachvollzug der bewegten Geschichte des Baues. In gleicher Weise wurden – nach Sanierung der Fundamente und Außenmauern – auch die Fassaden in traditioneller handwerklicher Technik instand gesetzt. Die Quadrierung der verputzen Seitenfronten erfolgte mit abgetönten Mineralfarben, die Ergänzung der Fassade und der Fensterrosette mit Stein aus der Nähe des historischen Steinbruchs.

Das Baudenkmal war zwar gerettet und instandgesetzt, harrte aber noch seiner Revitalisierung.

Kurt Faltlhauser

Abriss oder Erhaltung – Ein langes Ringen

Abrissplan: Eine kulturlose Politik?

Geschichtsvergessen und kulturfern! Das war die gängige, empörte Schuldzuweisung gegenüber dem Bayerischen Landtag, weil dieser den Abbruch der Ruine der Allerheiligen-Hofkirche 1963 beschlossen hatte. Die Politik war's allein! Die genauere Untersuchung der Unterlagen zeigt jedoch, dass es mitnichten der Landtag war, der den Weg wies zur Abbruchentscheidung, sondern eine breite Front von Experten, Verwaltungsbeamten und Bauleuten.

Der Reihe nach: Die Diskussion über den Zustand der Allerheiligen-Hofkirche begann bereits Ende des 19. Jahrhunderts. Im Protokoll der Grundbuchverwaltung vom 5. Dezember 1884 spricht man von einer bedenklichen Senkung des Fundaments der Kirche; am 7. November 1885 wurden Mittel zu seiner Unterfangung bereitgestellt. Die Diskussion über das Fundament zog sich – auch durch die Isarregulierung – bis ins 20. Jahrhundert hinein. 1912 ist sogar von einer Auswechslung die Rede.

Diese historischen Gegebenheiten wurden in der Nachkriegszeit in Erinnerung gerufen, als die Diskussion um die Zukunft des Kirchenraums begann. Im Frühjahr 1955 wurde zunächst von der Schlösserverwaltung die Zustimmung erteilt, den südlichen Seitenbau zugunsten des neuen Residenztheaters einzureißen. Zu dieser Zeit sah man die Kirche noch als nutzbar an, sonst hätte die Theaterbauleitung nicht den Antrag gestellt, das Kulissenmagazin für das Residenztheater in der Allerheiligen-Hofkirche unterzubringen. Dieser Plan scheiterte aber am Einspruch von Kardinal Michael von Faulhaber, der eine ausschließlich kirchliche Verwendung für die Allerheiligen-Hofkirche im Blick hatte. Zudem gab es zu dieser Zeit noch Überlegungen, das Cuvilliés-Theater an der Stelle der Allerheiligen-Hofkirche wiederzuerrichten und nicht in den Apothekenstock hineinzuzwängen.

1954 gestattete die Kirche doch die Einlagerungen von Bühnenmaterial in der Allerheiligen-Hofkirche. Am 15. September 1954 hieß es in einem Schreiben der Schlösserverwaltung an die Bauleitung der Residenz: „Eine Fühlungnahme mit dem Ordinariat hat ergeben, dass dieses gegen eine Verwendung des im Ruinenzustand befindlichen Kirchenraumes zur Einlagerung von Bühnenmaterial keine Bedenken hat." Vom Abriss der Kirchenruine war bis zu diesem Zeitpunkt also nicht die Rede; vielmehr schien sie sehr wohl für (bescheidene) Nutzungen geeignet.

Interessant ist, dass bereits 1954 eine Debatte über die architektonische Qualität des Klenze-Baus wieder auflebte. Hans Karlinger hatte 1933 in seinem Buch „München und die deutsche Kunst des 19. Jahrhunderts" das erstaunliche Urteil gewagt, die Allerheiligen-Hofkirche sei „der einzige Außenbau Klenzes, der ihm wirklich missglückt ist". In einem Gutachten der Bauabteilung der Schlösserverwaltung vom 22. November 1954 wurde ebenfalls festgestellt, dass die Allerheiligen-Hofkirche das „schwächste Werk" von Klenze sei. In einer umfassenden gutachterlichen Stellungnahme wies der Präsident der Schlösserverwaltung, Thomas Kiefer, auf eine Beurteilung von Max Hauttmann aus dem Jahr 1930 hin, „dass die Ausmalung des Inneren als romantisches Stimmungsbild weitaus das Beste des Ganzen [der Allerheiligen-Hofkirche] sei". Weiter heißt es in demselben Gutachten, dass die Fassade, die den Einfluss Gärtners zeige, heterogen sei, fremd in ihrer Umgebung stehe und noch dazu durch „den Abbruch des südlichen Seitenschiffes einhüftig geworden" sei.

Die negativen architekturkritischen Beurteilungen des Kirchenbaus waren ohne Zweifel Grundlage für die zunehmende Bereitschaft, die trostlose Ruine völlig zu beseitigen. Was keine architektonische Qualität besitzt, muss nicht gerettet werden! Hinzu kamen Ideen einer städtebaulichen Konzeption, durch den Abbruch der Kirchenruine einen „erweiterten Kabinettsgarten" zu gewinnen und so eine vermisste Ost-West-Verbindung vom Brunnenhof der Residenz zum Marstallplatz herzustellen.

Die Neigung, die Kirche völlig abzuräumen, verschärfte sich im März 1956, als die Bautechniker feststellten, dass sich der Zustand der Ruine verschlechtert hatte und mit akuter Einsturzgefahr zu rechnen war. Die Residenzbauleitung bat deshalb um die Zustimmung zum Abbruch der Gewölbereste über der Apsis und dem Mittelschiff. Bevor noch die Entscheidung über den Antrag getroffen werden konnte, stürzten 25 Prozent der noch erhaltenen Kellergewölbe ein. Ein von Architekt Theodor Brannekämper eingeholtes statisches Gutachten vom 31. Juli 1956 kam zu dem Ergebnis, dass sämtliche Konstruktionselemente stark verwittert und durchfeuchtet seien. Die Standsicherheit, so Brannekämper, sei gefährdet und es bestehe erhöhte Einsturzgefahr. Am 3. Oktober 1956 erteilte die Schlösserverwaltung deshalb die Zustimmung zum Abbruch der einsturzgefährdeten Mauer- und Gewölbeteile der Ruine. Im gleichen Jahr begann man mit der Umsetzung der schlimmen Idee des „Verbindungsbaues", einem Büro- und Werkstattgebäude der Staatsoper, das den Blick auf die Allerheiligen-Hofkirche bis heute verstellt.

Das dramatische Jahr 1963

Diesen Vorlauf der 1950er-Jahre muss man berücksichtigen, wenn man die Zuspitzung der Diskussion Anfang der 60er-Jahre verstehen will.

In einem Papier der Schlösserverwaltung vom Oktober 1963 heißt es: „Darüber hinaus wird die Ruine der Kirche abgebrochen, so dass an die Stelle des früheren Kabinettsgartens zwischen Apothekerstock und Kirche ein weiterer Residenzhof treten kann, der durch eine dreiachsige Verbindungshalle unmittelbar mit dem Brunnenhof verbunden ist und außerdem als Gartenfoyer des alten Residenztheaters dienen kann." Von großem Gewicht war dabei ein Hinweis in diesem Konzept: „Dieser Vorschlag der Schlösserverwaltung wurde in mehreren Sitzungen im Staatsministerium der Finanzen, unter dem Vorsitz teils des Herrn Staatssekretärs Dr. Lippert, teils des Herrn Ministerialdirektors Dr. Barbarino, eingehend diskutiert und gebilligt. Bei diesen Sitzungen wurde von keiner Seite gefordert, auch nur für möglich gehalten, dass die Allerheiligen-Hofkirche wieder hergestellt werden könne". Das Papier endet mit markigen Feststellungen:

- „Das Äußere der Allerheiligen-Hofkirche ist keineswegs ein Meisterwerk Klenzes gewesen."
- „Der Bauzustand ist so schlecht, daß ein Wiederaufbau der vorhandenen Reste nicht mehr möglich ist. Es wäre demnach gegebenenfalls erforderlich, die Ruine vollkommen abzutragen, neu zu fundamentieren und dann aufzubauen. Das würde bedeuten, daß der Kirchenbau Klenzes, der an sich eine Kopie war, abermals kopiert würde."
- „Es wäre denkmalpflegerisch nicht zu verantworten, bedeutende Mittel für die Imitation eines Kirchenbaus aufzuwenden, der mittelalterlicher Baukunst nachempfunden ist. Diese Auffassung wird im übrigen von Generalkonservator Dr. Kreisel vom Landesamt für Denkmalpflege geteilt."

Soweit die eindeutige, harte und fast überhebliche Haltung der Verwaltung.
Jetzt erst kam die Politik ins Spiel!
In einer schriftlichen parlamentarischen Anfrage vom 8. November 1963 formulierte die FDP-Landtagsabgeordnete Dr. Hildegard Hamm-Brücher: „In der Beantwortung meiner Frage auf Beilage 577 hat der Herr Finanzminister Dr. h.c. Eberhard festgestellt, daß die Allerheiligen-Hofkirche in der Münchner Residenz ‚so völlig zerstört sei', daß ‚nicht mehr von einem Abbruch, sondern nur noch von einer Beseitigung der Trümmerreste gesprochen werden kann'. Ergänzend erlaube ich mir die Anfrage an den Herrn Finanzminister:

1. Aufgrund von welchem Sachverständigengutachten wurde festgestellt, daß es sich bei den vorhandenen Resten um nicht mehr aufbaufähige Trümmerreste handelt?

2. Ist das Bayerische Finanzministerium bereit, zu dieser entscheidend wichtigen Frage ein weiteres unabhängiges Gutachten von Sachverständigen einzuholen?"

Finanzminister Dr. Rudolf Eberhard beantwortete diese Anfrage am 3. Dezember 1963 unter anderem mit dem Hinweis auf das Gutachten von Dr.-Ing. Brannekämper, das zu folgendem Ergebnis gekommen sei: „Am baulichen Zustand der Konstruktionsglieder ist zu erkennen, dass die Standsicherheit des Bauwerks gefährdet ist. Sicherungsmaßnahmen durch vorübergehende oder endgültige konstruktive Maßnahmen können aus bauwirtschaftlichen und baukonstruktiven Gründen nicht empfohlen werden." Darüber hinaus verwies Eberhard auf die Bayerische Akademie der Schönen Künste, die auf Bitten des Staatsministeriums für Unterricht und Kultus am 22. Oktober 1963 ein Gutachten vorgelegt hatte.

Dieses Gutachten, unterzeichnet von Präsident Prof. Dr. Dr. h.c. Emil Preetorius, ist in jeder Hinsicht ungewöhnlich und aus heutiger Sicht kein Ruhmesblatt für die Akademie der Schönen Künste. Es betont einleitend, dass die Allerheiligen-Hofkirche „von Fachleuten von jeher und noch heute als die schwächste architektonische Leistung von Klenze beurteilt" werde. Weiter schreibt der Präsident: „Architektur und Malerei des Raumes bildeten [vor der Zerstörung] eine kostbare Einheit, das Eine ohne das Andere ist nicht zu denken. Die künstlerische Einheit und dieser einheitliche Wert des Baudenkmals aber ist durch die vollkommene Zerstörung unwiederbringlich verloren." Wie unsinnig und vorurteilsbeladen dieses Urteil der Akademie der Schönen Künste war, demonstriert heute die wunderbare Ausstrahlung des klaren und schlichten Innenraums, der vom Rot der Ziegelwände dominiert wird.

Preetorius erklärt in seinem Gutachten weiter, dass der „sogenannte Wiederaufbau" einer von Grund aus neu zu errichtenden Kopie gleichkäme. „Damit aber sind auch die Grenzen der Denkmalpflege erreicht." Die Stellungnahme resümiert mit dem apodiktischen Urteil, „daß die Ruine der Allerheiligen-Hofkirche an der alten Stelle nicht wieder aufgebaut werden darf. So wie die Dinge heute liegen, ist der Platz der Kirchenruine für neue Konzeptionen weit wertvoller als für den Neubau einer Kopie, der an dieser Stelle durch die städtebauliche Entwicklung der letzten Jahre unmöglich geworden ist."

Diese gutachterliche Fehlleistung ist umso erstaunlicher, als Präsident Preetorius im Schlusssatz betont, dass die Stellungnahme „auf einem nach gemeinsamer Ortsbesichtigung einstimmig gefassten Beschluss der ‚Abteilung bildende Kunst der Bayerischen Akademie der Schönen Künste' vom 14. Oktober 1963" beruht. Von besonderem Interesse ist dabei, welche Kapazitäten sich an dieser Ortsbesichtigung beteiligt und damit auch den einstimmig gefassten Beschluss mit verantwortet haben: Professor Hermann Kaspar, Professor Josef Wiedemann, Professor Franz

Hart, Präsident i.R. Rudolf Esterer, Professor Toni Stadler, Professor Karl Knappe. Die „besten Namen" der damaligen Zeit standen also für den Abriss!

Ins gleiche Horn blies die zuständige Verwaltung. Am 4. November 1963 schrieb der damalige Präsident der Schlösserverwaltung, Levin Freiherr von Gumppenberg, an den Ministerialdirigenten im Finanzministerium, Dr. Fritz Freudling, einen Brief, den man als eine Kampfschrift gegen den Wiederaufbau interpretieren kann. Gumppenberg erinnerte an ein Treffen in der Staatskanzlei vom 12. Juli 1963, an dem sich alle Beteiligten einig gewesen seien, dass ein Wiederaufbau der Kirchenruine nicht in Betracht gezogen werden könne. Dann wendet er sich mit aller Härte gegen die öffentlichen Angriffe von Professor Dr. Hans Sedlmayr, der die Abrisspläne mit schärfsten Worten („pflichtwidriges Verhalten", „Kulturschande") kritisiert hatte. Weiter meint Gumppenberg, dass er es nicht verantworten könne, Millionenbeträge zu beantragen, die dann bei anderen wichtigen Wiederaufbaumaßnahmen fehlten. „Auf alle Fälle kann nicht geleugnet werden, daß es sich in Wirklichkeit nicht um einen Wiederaufbau eines beschädigten Klenze-Baues handeln kann, sondern um einen Neubau des 20. Jahrhunderts, bei dem nur künstlerisch nicht ins Gewicht fallende Reste des originalen Bauwerks verwendet werden könnten."

Die Abgeordneten der Bayernpartei unter der Führung von Ludwig Lallinger und Dr. Joseph Panholzer leisteten gleichwohl Widerstand und stellten den Antrag, Haushaltsmittel für den Wiederaufbau der Allerheiligen-Hofkirche bereitzustellen. Das lehnte der Haushaltsausschuss des Landtags am 5. Dezember 1963 ab. Das Plenum des Hohen Hauses folgte am 19. Dezember 1963 dem Ausschussvotum.

Der Abbruch schien unabwendbar. Schon am 9. November 1963 hatte das Finanzministerium in eilfertigem Vorgriff der Landtagsentscheidung an die Bayerische Verwaltung der Staatlichen Schlösser, Gärten und Seen geschrieben: „Im Zuge weiterer Sicherungsmaßnahmen am Kabinettsgarten wird der Abbruch der Allerheiligen-Hofkirche genehmigt mit der Maßgabe, daß die Abbrucharbeiten so durchgeführt werden, daß die südliche Längsmauer erhalten bleibt und damit einen wirkungsvollen Abschluss des neu entstehenden Residenzhofes bildet. Die Kosten sind auf 200.000 DM festgesetzt."

Die Retter organisieren sich

Gleichwohl ist der Abbruch nicht zügig vollzogen worden. Berichte von Beteiligten, unter anderem von Prof. Dr. Otto Meitinger, machen klar, dass ein Beamter der Schlösserverwaltung für den Nichtvollzug verantwortlich war: Toni Beil, der Nachfolger Otto Meitingers im Residenzbauamt. Dieser ließ den Abrissbeschluss bewusst in der Schublade liegen – und so wurde Zeit gewonnen für die Rettung. Mit Recht wird Beil deshalb auf der kleinen Gedenktafel in der Allerheiligen-Hofkirche gewürdigt.

So konnte es weiterhin Protest gegen den Umgang mit dem Klenze-Bau geben. Es waren vor allem die Universitätsprofessoren Hans Sedlmayr, Rudolf Messerer und Oswald Hederer, die sich immer noch für den Erhalt der Kirchenruine einsetzten. Der Hauptakteur für die Erhaltung war jedoch der Architekt Dr. Erwin Schleich. Er war Vorkämpfer für die Erhaltung des historischen Stadtbildes und hat auch in der Praxis für die Wiederherstellung historischer Gebäude gesorgt, wie z. B. durch den Wiederaufbau des Preysing-Palais unmittelbar hinter der Feldherrnhalle. Unterstützt wurde Schleich auch von dem späteren Landeskonservator Dr. Michael Petzet.

Wie aber einen Landtagsbeschluss revidieren? Dies geht nur auf dem Weg eines erneuten Beschlusses des Landtags. Hier hat sich der Landtagsabgeordnete von München-Nymphenburg, Dr. Erich Schosser, – mit Recht „Vater des Bayerischen Denkmalschutzgesetzes" genannt und 30 Jahre Vorsitzender des Landesdenkmalrates –, entscheidende Verdienste erworben. In seinem Aufsatz „Die Allerheiligen-Hofkirche in München, die wahre Geschichte ihrer Rettung" schildert er, dass er im November 1966 erstmals in den Landtag gewählt und kurz darauf von Prinz Konstantin von Bayern, dessen Stimmkreis er in Nymphenburg übernommen hatte, auf die Materie Allerheiligen-Hofkirche aufmerksam gemacht wurde. „Er erwähnte dabei auch einen gewissen Dr. Schleich, den ich in dieser Sache ansprechen sollte." Nach einem intensiven Gespräch mit Schleich, so erzählt Schosser, habe er einen Antrag in den Landtag eingebracht, der einen einzigen Satz enthielt: „Die Allerheiligen-Hofkirche in München wird in einen zunächst baulich gesicherten Zustand versetzt."

Dieser Antrag mit Datum 28. April 1967, wurde von einer Reihe von CSU-Landtagsabgeordneten mit unterschrieben. Schosser erreichte auch, dass der kulturpolitische Ausschuss etwas beschloss, was damals noch selten vorkam: eine Besichtigung der Kirche gemeinsam mit Experten. Schosser zu diesem Ortstermin: „Der Eindruck der Ruine war nachhaltig und führte in der sich unmittelbar anschließenden Sitzung im Landtag, an der fast alle Gutachter, darunter Dr. Schleich mit einem Lichtbildervortrag, anwesend waren, zu einem positiven Votum." Bei nur einer Gegenstimme und einer Enthaltung stimmte der kulturpolitische Ausschuss dann am 8. Juni 1967 dem Antrag Schossers zu. Dem Mitberichterstatter Dr. Jürgen Böddrich von der SPD kam dabei ein großes Verdienst zu: Sein Engagement bewegte seine SPD-Fraktionskollegen zur Zustimmung.

Allerheiligen-Hofkirche mit dem offenen Dachstuhl von Hans Döllgast, Foto 1972

Der Haushaltsausschuss hingegen stimmte am 30. November 1967 mit ebenfalls nur einer Pro-Stimme und einer Enthaltung erneut gegen den Antrag. In dieser Situation musste also das Plenum entscheiden: Am Mittwoch, den 14. Februar 1968, wurde der Antrag Schossers im Plenum zur Diskussion und zur Abstimmung gestellt.

Über die Beratungen im Ausschuss für kulturpolitische Fragen berichtete im Plenum einleitend der CSU-Abgeordnete Justin Leicht. Er wies auf geschätzte Wiederaufbaukosten von 3,5 bis 4 Mio. DM hin und machte gleichzeitig deutlich, dass mit 300.000 DM die Ruine „auf Jahrzehnte" zu sichern sei, das Hohe Haus möge dem Beschluss des kulturpolitischen Ausschusses folgen.

In der anschließenden Aussprache bis in den Abend- in Plenumsdebatten nicht selten – kam viel Heiterkeit auf. Präsident Hanauer bemerkte deshalb geschäftsleitend: „Bitte, ich will verhindern, dass durch die humorvolle Stimmung im Haus und die Erschütterungswellen, die dadurch ausgelöst werden, das Bauwerk vielleicht vor der Beschlussfassung einstürzt."

Der Berichterstatter des Haushaltsausschusses, Alfons Dick, erläuterte die Kritik des Haushaltsausschusses, dass der Auftrag des Landtags vom 19. Dezember 1963, die Ruinenreste abzutragen, noch nicht ausgeführt worden sei. Dick betonte, dass im Haushaltsausschuss 22 Stimmen für die Ablehnung des Schosser-Antrags votierten und nur eine Stimme den Antrag befürwortete. Finanzminister Konrad Pöhner wies zunächst auf die besonderen Herausforderungen der Finanzierung der Olympiade 1972 hin. Die überraschend konkrete Feststellung Pöhners jedoch war: „Deshalb wollen wir die Allerheiligen-Hofkirche nicht mehr aufbauen, sondern sie möglichst lange in ihrem jetzigen, ruinösen Zustand erhalten, sie mit dem allergeringsten Aufwand sichern und sie eines Tages vielleicht doch in das Kabinettsgärtchen einbeziehen." Auch wiederholte der Staatsminister ein altes Klagelied der Abgeordneten, die nicht aus München kommen: „Denken sie bei dieser heftigen Diskussion um eine Münchner Ruine doch auch einmal daran, dass es auch im fränkischen und im schwäbischen Raum eine Reihe wertvoller und sehr wertvoller Baudenkmäler gibt, für die wenig oder gar kein Geld mehr vorhanden ist." Derartige Hinweise fehlten und fehlen im Landtag nie; die Bevorzugung der Landeshauptstadt ist dort Dauerthema seit mehr als 100 Jahren.

In seinem Schlusswort griff der Abgeordnete Schosser zunächst auf ein neues Gutachten von Diplomingenieur Gerhart zurück, in dem dieser feststellte, dass von der Kirche noch 70 Prozent stehen und wiederverwendungsfähig sind. Schosser: „70 %, meine Damen und Herren, sind keine Reste!" Sodann wies er darauf hin, dass die Akademie der Schönen Künste wenige Wochen vor der Debatte ihr Gutachten aus dem Jahr 1963 ergänzt habe mit den Worten: „Wenn durch ein neues statisches Gutachten die Standfestigkeit der noch vorhandenen Bauteile gewährleistet ist und man diese als Baudenkmal erhalten will, so kann man dies nach Ansicht der Akademie verantworten." Eine erstaunliche Wende um 180 Grad! Böddrich erklärte am Schluss: „Wir wollen nichts anderes als die Sicherung. Kein jetziger Ausbau mit finanziellen Mitteln!" Nach einem längeren Schlussbeitrag des Abgeordneten Dr. Hans Eisenmann – späterer Landwirtschaftsminister – sah sich Schosser in der Lage, seinen Antrag dann folgendermaßen abzuwandeln: „Die Bausubstanz der Ruine der Allerheiligen-Hofkirche wird vor weiterem Verfall gesichert." Dieser Antrag wurde dann in offener Abstimmung mit sehr knapper Mehrheit – die durch zweifelnde Zurufe infrage gestellt wurde – angenommen.

Damit war die Allerheiligen-Hofkirche gerettet!

Kirche und Staat I: Der Kirchenrektor

Der glücklichen Rettungstat im Plenum des Bayerischen Landtags folgten Schutzmaßnahmen in zwei Stufen: Zunächst wurde im Jahr 1970/71 von Hans Döllgast ein leicht anmutendes Holzdach über dem Kirchenraum angebracht, um weitere Schädigungen durch Nässe zu vermeiden. Dann wurde im August 1985 entschieden, das Kirchenschiff wieder einzuwölben; man wollte eine stabile Lösung für die Rettung eines Kirchenraums, der von der Akademie der Schönen Künste 22 Jahre vorher noch als rettungsunwürdig eingestuft worden war.

Die zehn Jahre nach der Einwölbung mit Ziegelsteinen waren jedoch nicht von weiteren baulichen Überlegungen bestimmt, sondern vom heftigen Ringen zwischen Staat und Kirche und gleichzeitig von innerkirchlichen Differenzen. Kirchenvertreter berichteten noch in den 1980er Jahren, dass Kardinal Faulhaber bereits 1945 darauf hingewiesen hatte, dass er die Allerheiligen-Hofkirche auch nach ihrer Zerstörung als Kirchenraum betrachte und als solchen auch nutzen wolle. Die Debatte zwischen Staat und Kirche begann im Frühjahr 1987, als nach einem Gespräch zwischen Ordinariatsrat Horn und Abteilungsdirektor Schelling von der Schlösserverwaltung Folgendes festgestellt wurde:

- Seitens des Erzbischöflichen Ordinariats wird auf die ausdrückliche Zusicherung des Staates Wert gelegt, dass das Kirchenschiff der kirchlichen Nutzung durch die katholische Kirche vorbehalten bleibt.
- Die katholische Kirche beabsichtigt, die Allerheiligen-Hofkirche ausschließlich als „Verfügungskirche der Erzdiözese" bei besonderen Anlässen zu nutzen.
- Für Baumaßnahmen ist die Kirche bereit, einen Zuschuss zu gewähren, der jedoch noch nicht fixiert wird.

Im Oktober 1987 gab das Finanzministerium der Schlösserverwaltung den Rahmen für die Kosten des beabsichtigten Ausbaus bekannt: 8,3 Mio. DM. Mit Blick auf eine Kostenbeteiligung der katholischen Kirche wurde auf laufende Verhandlungen verwiesen. Die Kalkulation für die weiteren Sicherungsmaßnahmen ging auf eine umfangreiche bauliche Bestandsaufnahme vom Oktober 1986 zurück.

Dann geschah weitere zehn Jahre nichts Wesentliches in Sachen Allerheiligen-Hofkirche. Allerdings wuchsen in dieser Zeit Nutzungswünsche für den mittlerweile gebrauchsfähigen Kirchenraum. Insbesondere Monsignore Gerhard Ott, der Künstlerseelsorger der Erzdiözese, drängte, den Kirchenraum für kirchlich-kulturelle Veranstaltungen zu nutzen. Die Basis seiner Aktivitäten war die „Inaussichtstellung" des Amtes eines „rector ecclesiae". Dieser ist befugt, über alle Angelegenheiten eines Kirchenraumes zu bestimmen, also über Art und Termin von

Veranstaltungen. Ott forderte, dass die Kirche nicht von einem Bischof konsekriert, sondern lediglich von einem Geistlichen „benediziert" werde.

Otts Vorstellungen zogen nicht nur Rückfragen durch Schlösserverwaltung und Finanzministerium nach sich. Jetzt wurde der Vorsitzende des Kulturausschusses des Bayerischen Landtages, Dr. Paul Wilhelm, – wie immer mit Energie, Präzision und konzeptioneller Fähigkeit – moderierend tätig. Am 16. Februar 1996 brachte er im Landtag Vertreter des Finanzministeriums und der Schlösserverwaltung mit solchen der Erzdiözese zu einem Gespräch zusammen, um Grundzüge der künftigen Gemeinschaftsnutzung von Staat und Kirche zu erarbeiten. Dabei konnte Wilhelm davon ausgehen, dass die bis dahin bestehende Vorstellung der Schlösserverwaltung, auf den Emporen ein Museum für historische Paramente zu installieren, aus konservatorischen Gründen nicht weiter verfolgt werde. Eine weitere Voraussetzung war die Einigkeit aller Beteiligten darüber, dass eine Rekonstruktion der ehemaligen Ausstattung und Ausmalung des Innenraums nicht zu befürworten ist. Der zuständige Abteilungsleiter des Finanzministeriums, Gerd Rometsch, machte in diesem Gespräch deutlich, dass das Finanzministerium dafür sorge, dass die im nördlichen Seitenschiff eingerichteten Betriebswerkstätten der Residenz verlegt werden und auch von Seiten des Finanzministeriums eine abgestimmte Nutzung zwischen Kirche und Staat akzeptiert werde. Monsignore Ott konnte gleichwohl im Jahr 1996 aus technischen Gründen eine mehrwöchige Kunstausstellung im Vorgriff einer entsprechenden gemeinsamen Nutzung nicht realisieren. Das „Zentrum für Künstlerseelsorge" konnte noch nicht starten. Die Gesprächsbereitschaft des Finanzministeriums basierte auch auf einem Schreiben des Finanzministers Max Streibl vom 26. August 1985 an den Landtagsabgeordneten Schosser, in dem der Minister bestätigt, dass er dem Wunsch von Kardinal Friedrich Wetter entsprochen habe, einer künftigen musealen und sakralen Nutzung der Allerheiligen-Hofkirche zuzustimmen. Bei allen Gesprächen vor und nach diesem ersten von Wilhelm organisierten Treffen blieb die Frage, inwieweit die Kirche den notwendigen Ausbau mitzufinanzieren bereit und in der Lage sei. Die Gesamtkosten für diese Ausbaumaßnahmen werden in den Jahren 1996/97 auf 3,5 bis 4 Mio. DM geschätzt. Das Finanzministerium setzte die Beteiligung der Kirche bei etwa einem Drittel der Gesamtkosten an, wobei klar war, dass die bereits verbauten 6,3 Mio. allein vom Staat finanziert waren.

Monsignore Ott glaubte nun kühn, für die finanzielle Beteiligung der Kirche bis Oktober 1996 eine „Entscheidung der zuständigen Gremien" herbeiführen zu können. Konflikt gab es jedoch in einer anderen Frage: Kardinal Wetter hatte gefordert, dass Ott als „rector ecclesiae" in allen Nutzungsfragen der Allerheiligen-Hofkirche die letzte Entscheidung treffen müsse. Dieses Ansinnen wurde in einer zweiten Besprechung vom 10. Mai 1996 von den Vertretern des Finanzministeriums strikt zurückgewiesen. Finanzminister Erwin Huber kommentierte das Protokoll dieser Besprechung in weiser Voraussicht mit dem Hinweis, dass die Presse erst nach einer endgültigen Einigung über die Kostenbeteiligung informiert werden soll. Tatsächlich unterrichtete Monsignore Ott das Ministerium von den Ergebnissen einer Ordinariatssitzung vom 18. Juni 1996, wo in Aussicht gestellt worden sei, dass die Erzdiözese 1,2 Mio. von den Ausbaukosten zu tragen bereit sei und zusätzlich 575.000 DM für die liturgische Ausstattung aufbringen wolle. Es schien, dass Staat und Kirche zügig aufeinander zugehen könnten.

Aber es standen noch vier Jahre der Diskussion bevor; die Hängepartie war nicht zu Ende. Auf der Basis der Mitteilungen des designierten Kirchenrektors legte der Präsident der Schlösserverwaltung, Hanfstaengl, einen ersten Entwurf einer Vereinbarung zur Nutzung der ehemaligen Allerheiligen-Hofkirche zwischen dem Freistaat Bayern und der Erzdiözese München-Freising vor. In diesem Papier vom 30. August 1996 ging die Schlösserverwaltung von dem Grundsatz aus, dass Veranstaltungstermine zwischen Ordinariat und Residenzverwaltung abzustimmen und alle Veranstaltungen unentgeltlich sind. Ebenso wurden darin die zugesagten Kostenbeiträge der Kirche festgehalten. Am 10. April 1997 legte das Ordinariat den Gegenentwurf einer Vereinbarung vor, in dem der Vorrang der sakralen Nutzung sowie die ausschließliche Organisationshoheit des Kirchenrektors festgeschrieben waren. Es hieß zwar, dass „die einzelnen Veranstaltungstermine einvernehmlich festgelegt“ werden sollen, aber auch: „Um den Vorrang der sakralen Nutzung sicherzustellen, teilt das Ordinariat der Residenzverwaltung die jeweiligen Termine rechtzeitig, das heißt in der Regel am Ende eines Jahres, für das kommende Jahr mit.“ In der Präambel war auch festgehalten, was sich die Kirche unter „sonstigen Veranstaltungen“ vorstellt: „Ausstellungen über die Geschichte des Wiederaufbaus der Allerheiligen-Hofkirche, Ausstellung von Paramenten und liturgischen Gefäßen, kirchenmusikalische Veranstaltungen und szenische Darbietungen.“ Dieser Hinweis zeigt, dass nur ein sehr kirchliches Programm auf Zustimmung des Ordinariats hoffen konnte.

Im Mai 1997 hielt der Vorsitzende des Ausschusses für Hochschule, Forschung und Kultur, Dr. Wilhelm, gegenüber der Erzdiözese den bisherigen Sachstand klar fest: „Die Kosten des Innenausbaus werden zu zwei Dritteln vom Staat und zu einem Drittel von der Kirche getragen; die liturgiebedingten Kosten zahlt die Kirche allein; die denkmalbedingten Kosten trägt der Staat allein; der Raum soll zu kirchlichen und zu profanen Zwecken genutzt werden, wobei Staat und Kirche beide als Veranstalter auftreten können.“ Wilhelm hielt auch die Punkte fest, die nach seiner Auffassung vom Staat de facto nicht angenommen werden können: Eine

Obergrenze der finanziellen Beteiligung der Kirche, den absoluten Vorrang kirchlicher Veranstaltungen und den Umstand, dass nichtkirchliche Nutzungen von der Kirche praktisch unterbunden werden konnten. Teilnehmer der Gespräche mit der Kirche notierten, dass Monsignore Ott auf Befragen bestätigte, dass er zum Beispiel eine Nutzung für ein klassisches Konzert strikt ablehnen würde. Denn „er sei an die kirchenmusikalischen Vorschriften gebunden."

In einem umfangreichen Vermerk vom 18. Juni 1997 fasste daraufhin der zuständige Referent des Finanzministeriums, Karl Friedrich Beukelmann, zusammen, dass es in dieser Situation drei Möglichkeiten gebe:

- Zum einen die vollständige Überlassung des Gebäudes an die Kirche zur ausschließlichen kirchlichen Nutzung. Voraussetzung dieser Lösung wäre, dass die Kirche die Kosten für den Innenausbau ebenso trage wie die Baulast.
- Die zweite Möglichkeit wäre der Ausbau der Kirche auf Kosten des Staates zu einem staatlichen Veranstaltungsraum, der für Dritte, auch für die Kirche, jederzeit offensteht. In diesem Fall würde der Staat alle Kosten des Ausbaus tragen.
- Dritte Möglichkeit wäre ein erneuter Versuch, eine gemeinsame Nutzung durch Staat und Kirche herbeizuführen, wobei die Mobilisierung von Steuergeldern nur vertretbar sei, wenn ein breites Publikum den Kirchensaal nutzen könne.

Der Referent plädierte in diesem Vermerk klar für die zweite Möglichkeit, also für den Ausbau allein durch den Staat mit dem Ziel, einen Raum für das breite Publikum zu installieren. Finanzminister Erwin Huber machte an diesem Vermerk Anmerkungen, die deutlich machen, dass auch er für diese Möglichkeit plädierte. Er schrieb jedoch am Schluss auf den Vermerk: „Behutsam vorgehen!"

Dr. Wilhelm stellte in einem Schreiben an Generalvikar Robert Simon die dringende Bitte: „Bringen Sie die Verhandlungen wieder in Gang!" In gleicher Weise wurde Finanzminister Erwin Huber beim Ordinariat vorstellig. Gleichzeitig veranlasste Ott eine in diesem Jahr selbst zusammengestellte Veranstaltungsreihe „Kunst in der Apsis": „Künstlerreden", eine Oper (Schulamid) und eine Gemäldeausstellung von Helmut Schober. Der Staat hatte gegen die Veranstaltungen keinerlei Einwände, wenngleich die Oper von Wilhelm Hiller bei manchen Besuchern einen zwiespältigen Eindruck hinterließ.

Mit dieser Veranstaltungsreihe machte Ott massiven Mediendruck. Er sorgte über Presseartikel für den Eindruck, dass der Staat eine wunderbare Kulturkirche verhindert; er, Ott, würde dafür einstehen, dass in dieses Haus keine „postmoderne Beliebigkeit" einzieht. Vielmehr wolle er ein „Gotteshaus für Alle, aber nicht für Alles". Seinen aggressiven Anspruch erklärte Ott in einem Gespräch mit der tz: „Es gibt nur drei Gründe, die die Weihe einer Kirche annullieren könnten.

Erstens, ein Bischof hebt sie auf, zweitens, es geschieht ein Mord, oder drittens, es geschieht ein Geschlechtsakt darin." Diese Rechtsauffassung des Künstlerseelsorgers war peinlich und völlig verfehlt. Eine Darlegung der nicht ganz einfachen Rechtsgegebenheiten ist deshalb notwendig.

Kirche und Staat II: Die Rechtssituation

Die Frage, ob der Staat gegenüber einem kirchlichen Rechtsträger verpflichtet ist, eine Kirche zu errichten oder zu unterhalten, beurteilt sich grundsätzlich nach altrechtlichen Vorschriften, soweit es nicht gesonderte Verträge oder Urteile gibt.

In Bayern gilt eine Unterscheidung zwischen „notwendiger" Kirche im Sinne des Baulastrechts oder „nicht notwendiger" Kirche. Die Allerheiligen-Hofkirche wurde als Schlosskapelle errichtet und später von König Ludwig I. dem Staat geschenkt. Gleichwohl gab es gemäß den Vorschriften des gemeinen Rechts keine Verpflichtung zum Bauunterhalt durch den Staat. Der Unterhalt sogenannter Hofkirchen, Schlosskirchen und Hauskapellen liegt grundsätzlich beim Eigentümer, ein Dritter wird nie zur Kostentragung herangezogen. Das bedeutete für die Allerheiligen-Hofkirche, dass nach der Zerstörung des Gebäudes der Staat aus baulastrechtlicher Sicht weder verpflichtet war, das Gebäude überhaupt wieder aufzubauen, noch gezwungen werden konnte, einen Neubau erneut für kirchliche Zwecke zur Verfügung zu stellen.

Neben dieser Grundsatzfrage waren konkordatsrechtliche Fragen zu klären: Nach Artikel 10, Abs. 3 des Konkordats mit dem Heiligen Stuhl bleiben staatliche Gebäude und Grundstücke, die bei Abschluss des Konkordats unmittelbar oder mittelbar Zwecken der Kirche (einschließlich der Orden und religiösen Kongregationen) dienten, ihr auch ferner überlassen. Da die Allerheiligen-Hofkirche bei Abschluss des Konkordats kirchlichen Zwecken diente, war sie daher auch weiterhin im bisherigen Umfang der Kirche zur Nutzung zu überlassen. Das war die positive Situation für das Erzbistum München.

Allerdings musste berücksichtigt werden, dass diese Kirche im Krieg weitestgehend zerstört wurde. Damit war eine Nutzung für Zwecke des Gottesdienstes, auch im Sinne des Artikels 10, Abs. 3 des Konkordats unmöglich geworden. Kirchenrechtlich hatte die Zerstörung dazu geführt, dass das Gebäude die Eigenschaft eines heiligen Ortes und damit einer Kirche verloren hatte. Dies ergibt sich sowohl aus dem Kanonischen Recht CIC 1159 (Codex Juris Canonici, Gesetzbuch des Kirchenrechts der römisch-katholischen Kirche) von 1917 als auch aus CIC 1212 von 1983. Hier heißt es wörtlich: „Heilige Orte verlieren ihre Weihung oder Segnung, wenn sie zu einem größeren Teil zerstört oder profanem Gebrauch für dauernd durch

Dekret des zuständigen Ordinarius oder tatsächlich zugeführt sind." Das hieß: Die Nutzungsrechte der Kirche an der Allerheiligen-Hofkirche waren durch deren Zerstörung erloschen. Damit waren die kühnen Rechtsauslegungen des „Kirchenrektors" Ott als absurdes Gerede widerlegt.

Kirche und Staat III: Die Entscheidung

Diese faktische und rechtliche Situation fand ich Ende des Jahres 1998 vor, als ich das Amt des Finanzministers antrat. In einem Vermerk vom 30. November 1998 notierte ich am Rande – erstaunlich leserlich –: „Die Angelegenheit Allerheiligen-Hofkirche will ich zügig klären. Wie vorgehen?"

Die Verwaltung empfahl mir, das Gespräch mit dem Ordinariat wieder aufzunehmen. Legitimierter Gesprächspartner war zu dieser Zeit Prälat Dr. Valentin Doering. Er schlug unter anderem vor, in einem zweistufigen Verfahren die Nutzungsanträge zu behandeln: in einer ersten Stufe durch gemeinsame Abstimmung zwischen dem Kirchenrektor und der Schlösserverwaltung, in einer zweiten Stufe durch einen von beiden Seiten legitimierten „Beauftragten". Die finanzielle Frage schien im Jahr 1999 nicht im Vordergrund zu stehen. Vielmehr hatten die Verhandlungen bis dahin deutlich gemacht, dass verschiedene gesellschaftliche Gruppen den Zugang zur Allerheiligen-Hofkirche versperrt sahen, obgleich der Ausbau überwiegend von Steuergeldern zu tragen war. Dies wurde zum Beispiel durch ein Schreiben der „Freunde der Residenz" vom 3. Februar 1998 deutlich und war auch die Sorge von Paul Wilhelm und Erwin Huber.

Die Gespräche kamen auch deshalb nicht voran, weil es innerhalb der Kirche selbst unterschiedliche Haltungen gab: Auf der einen Seite das forsche Vorgehen von Monsignore Ott, der seine Künstlerkirche bespielen wollte; dagegen das vorsichtige und diplomatische Agieren Prälat Doerings, der unermüdlich nach neuen Gesprächsfäden suchte. Und da war ein Jurist im Ordinariat, der der Rechtsinterpretation des Staates zuneigte, eine Haltung, die der Kirche Geld sparen konnte.

Im Jahr 1999 verhandelte vor allem der Amtschef des Finanzministeriums, Ministerialdirektor Gerhard Flaig, mit Prälat Doering. In diesen Gesprächen ging es immer wieder um die finanzielle Beteiligung der Kirche und um ihre weitgehenden „Herrschaftsansprüche". Dabei zeigte Doering Beweglichkeit und Fortschrittswillen. Das schlug sich in immer neuen Entwürfen für eine Vereinbarung nieder. Die letzte Fassung definierte diejenigen Veranstaltungen, die als möglich angesehen wurden. Ausgeschlossen wurden Veranstaltungen, die „sittlichen Anstoß" erregen oder eine antireligiöse Haltung zum Ausdruck bringen. Nicht zugelassen werden sollten zum Beispiel Unterhaltungs-, Techno-, Pop- oder Heavy-Metal-Musik, Lustspiel, Komödien, Schwänke, Satire, Comedys, Kabarett und Rock'n'Roll. Was immer man von einer derartigen Ausgrenzung halten will: Die Vorgehensweise signalisierte zumindest, dass die Gespräche zwischen Kirche und Staat vernünftig vorangingen. Wenig hilfreich war dabei die begleitende Öffentlichkeitsarbeit von Monsignore Ott, der den Schriftsteller Wolfgang Johannes Bekh zu einem unsäglichen Artikel gegen mich in der Süddeutschen Zeitung veranlasste. Der Inhalt dieses Pamphlets wurde dankenswerterweise von den „Freunden der Residenz" in einem Leserbrief heftig zurückgewiesen.

Das Ringen um einen Vertrag mit konkreten Festlegungen für die Nutzung wurde plötzlich ebenso irrelevant wie die Öffentlichkeitsarbeit des Monsignore Ott. Im Ordinariat wies ein junger Jurist, Dr. Lorenz Wolf, unmissverständlich darauf hin, dass die Kirche auf der Basis einer falschen Rechtsinterpretation kämpfe. In einem Vermerk vom 4. Oktober 1999 an Kardinal Dr. Friedrich Wetter hielt er seine Auffassung fest: „Dem Ministerium liegen Gutachten vor, die belegen, dass die Kirche als im Krieg untergegangen angesehen werden müsse, was dem Minister Schwierigkeiten im Landtag bringen wird, da er vor dem Landtag begründen muss, warum der Staat der Diözese eine Kirche baut [...]." Ein weitergehendes Entgegenkommen des Staates als der derzeitige Vertragsentwurf wäre im Landtag nicht mehr konsensfähig [...]. Das Ministerium hätte gerne einen definitiven Bescheid der Diözese, ob der Vertrag – so wie er ist – nun von der Diözese akzeptiert wird; im Fall der Ablehnung wäre es für den Hinweis dankbar, dass die Diözese gegen eine Profanierung der Kirche keine Einwände hätte [...]. „Meines Erachtens kann dem Vertragsentwurf nicht zugestimmt werden, da die festgeschriebene Nutzung nicht den kirchenrechtlichen Bestimmungen entspricht [...]. Es ist wesentlich einfacher, in einem profanierten Raum einen Gottesdienst zu halten, als in einer Kirche eine profane Veranstaltung." Diese Auffassung des späteren Leiters des „Katholischen Büro Bayern" setzte sich durch.

In einem Schreiben vom 27. Januar 2000 teilte mir Prälat Ernst Blöckl mit: „Wie ich Ihnen mitteilen kann, ist nach einem langen Diskussionsprozess in der Diözesanleitung die Entscheidung gefallen. Als Zeichen des guten Einvernehmens zwischen der Staatsregierung und der Erzdiözese möchte der Herr Kardinal seinen Vorschlag in einem Gespräch mit dem Herrn Ministerpräsidenten bekanntgeben und erläutern. Beiden Verhandlungsführern, Herrn Ministerialdirektor Flaig und Herrn Prälat Dr. Doering, sei dabei ausdrücklich, auch im Auftrag des Herrn Kardinals, gedankt."

Das Spitzengespräch zwischen Ministerpräsident Dr. Edmund Stoiber und Kardinal Friedrich Wetter fand in meiner Anwesenheit am 9. März 2000 in der

Staatskanzlei statt. Das Ergebnis wurde in einer Presseerklärung festgehalten: „Die katholische Kirche betrachtet das seit den Zerstörungen im Zweiten Weltkrieg leerstehende ehemalige Kirchengebäude nicht mehr als sakrale Kirche. Die Erzdiözese wird sich deshalb auch finanziell nicht an dem geplanten Innenausbau des Kirchenschiffs beteiligen. Der Freistaat übernimmt die Kosten des Innenausbaus in Höhe von fünf bis sieben Mio. Mark und berücksichtigt bei der zukünftigen Nutzung Würde und Historie des ehemaligen Kirchengebäudes. Neben profanen Nutzungen für Musik und Theateraufführungen sowie Ausstellungen und Vortragsveranstaltungen wird auch die Kirche die Möglichkeit für die sakrale Nutzung des Gebäudes, etwa für Gottesdienste, Ausstellungen und geistliche Vorträge erhalten."

Weiter heißt es: „Nach jahrelangem Schwebezustand ist nun Rechtsklarheit über den Status der Allerheiligen-Hofkirche geschaffen worden. Damit ist der Weg frei, nun den Innenausbau des bedeutenden, im Zweiten Weltkrieg zerstörten Bauwerks anzugehen. Die Allerheiligen-Hofkirche wird dann wieder in vollem Umfang für kulturelle Veranstaltungen unter Wahrung der Würde des Gebäudes für alle Bürgerinnen und Bürger zur Verfügung stehen", wie Kardinal Wetter und Ministerpräsident Stoiber betonten. Diese Presseerklärung wurde durch einen Briefwechsel der beiden Gesprächspartner untermauert. Die Vereinbarung zwischen Kirche und Staat wurde am 13. März 2000 in der Allerheiligen-Hofkirche im Rahmen einer Pressekonferenz von Domdekan Prälat Blöckl und mir erläutert.

Damit war der Weg frei für die architektonische Ausgestaltung und die Erneueung des Kirchenraums.

Nochmals Kirche und Staat: Andere Kirchen

Bevor ich auf die Baumaßnahmen an der Allerheiligen-Hofkirche nach der Einigung zwischen Staat und katholischer Kirche eingehen kann, sei auf zwei Vorgänge verwiesen, welche die Interessen von anderen Kirchen an der Allerheiligen-Hofkirche betrafen.

Der erste Fall betrifft die Anglikanische Episkopalkirche. Sie ist mit über 80 Mio. Mitgliedern die drittgrößte christliche Glaubensgemeinschaft der Welt. Zur Jahrtausendwende gab es in München etwa 350 eingetragene Mitglieder einer Gemeinde, die es seit 1903 in München gibt. Diese war während des Zweiten Weltkriegs von den Nazis enteignet worden. Deshalb gab es in der Nachkriegszeit immer wieder Anläufe, von der Staatsregierung eine angemessene Entschädigung zu erreichen.

Im Jahr 1992 schließlich richtete die Episkopalkirche eine Petition an den Landtag mit der Bitte, ihr ein Gotteshaus zu überlassen. Der wandte sich daraufhin an die Staatsregierung, „der Episkopalkirche ein staatliches Grundstück zur Verfügung zu stellen". Acht Jahre später machte die Episkopalkirche einen erneuten Vorstoß, der Landtag beschied das Anliegen wiederum positiv. Doch auch diese Initiative hatte keinen Erfolg. In einem ausführlichen Schreiben vom 22. Januar 2001 legte der Amtschef der Staatskanzlei, Dr. Walter Schön, die erfolglosen Bemühungen von Freistaat und Stadt München um einen eigenen Kirchenraum für die anglikanische Gemeinde dar. Eine exklusive Nutzung der Allerheiligen-Hofkirche lehnte er mit Hinweis auf die Vereinbarung zwischen Kardinal Wetter und Ministerpräsident Stoiber ab.

Auch die „Integrierte Gemeinde", eine Gemeinschaft innerhalb der katholischen Kirche, hatte sich bereits am 24. August 1998 an Finanzminister Erwin Huber mit der Bitte gewandt, ihr die Allerheiligen-Hofkirche für Veranstaltungen jeweils an Sonn- und Feiertagen zu überlassen. Diese Bitte wurde in einem Schreiben Dr. Alfons Lenherrs vom 30. November 1998 an den neuen Finanzminister Faltlhauser wiederholt mit dem interessanten Zusatz, dass sich die Integrierte Gemeinde auch an den weiteren Renovierungskosten beteiligen wolle. In einem Schreiben von Traudl Wallbrecher von der Integrierten Gemeinde an mich vom 15. März 2000 wurde das Angebot sogar dahingehend präzisiert, dass die Gemeinde hierzu bis zu 7 Mio. DM beitragen könne! Meine handschriftliche Anmerkung zu diesem Brief: „Nein: Dann sind wir abhängig". Denn eines war klar: Würde die Integrierte Gemeinde praktisch den gesamten Sanierungsaufwand bezahlen, wäre sie Herr im Haus. Der Freistaat Bayern wollte aber genau eines nicht: die steuernde Oberhoheit über die Geschehnisse in dem ehemaligen Kirchenraum aus der Hand geben.

So blieb es dabei: Die Allerheiligen-Hofkirche war durch die Übereinkunft zwischen Kath. Kirche und Staat profaniert. Kirchliche Veranstaltungen können selbstverständlich punktuell stattfinden; irgendwelche Hausrechte der Kirche gibt es nicht; der Staat bestimmt seither, was in der Allerheiligen-Hofkirche geschieht.

Der Umbau zum Veranstaltungsraum

Im Jahr 2000 schrieb die Schlösserverwaltung einen europaweiten Architektenwettbewerb für die Baumaßnahmen an der Allerheiligen-Hofkirche aus. Im August 2000 bekam das Architekturbüro Guggenbichler + Netzer den Zuschlag. Für das erste Halbjahr 2003 wurde die Fertigstellung der Baumaßnahmen geplant.

Blick nach Osten vor den Sicherungsmaßnahmen von 1969/70.

Die gleiche Raumsicht nach Wiedereröffnung der Allerheiligen-Hofkirche; 2003

Fassade der Allerheiligen-Hofkirche nach ihrer Instandsetzung ▷

Mit Josef Guggenbichler und Gabriele Netzer pflegte ich in der folgenden Zeit einen intensiven Austausch, regelmäßig auch vor Ort an der Baustelle. Drei Kernentscheidungen zur Raumgestaltung wurden mit mir abgestimmt:

Die roten Ziegelwände können sehr wohl Beschädigungen aufweisen, sollen aber nicht den ursprünglichen Zustand der Kriegszerstörung dokumentieren.

Alle Beteiligten sind sich einig, dass die Auswahl des Bodens von herausragender Bedeutung ist. Der gewählte Terrazzoboden kann heute als Glücksfall für die Raumwirkung angesehen werden.

Über die architektonische Ausgestaltung hinaus war die Frage von Bedeutung, ob man die Wände, oder gar die Apsis mit Kunstgegenständen „behängen" soll. In einem Schreiben vom 26. Oktober 2001 signalisierte mir Ministerkollege Hans Zehetmair, dass es möglich wäre, sehr große Gemälde von Anselm Kiefer in der Kirche anzubringen. Der Stifter, Udo Brandhorst, habe mit Kiefer eine Vereinbarung getroffen, diese Bilder zu kaufen, allerdings unter der Voraussetzung eine für diese ungewöhnliche Werkreihe „adäquate Behausung" zu finden. Nach intensiven Debatten kamen wir zu dem Ergebnis, dass der Klenze-Innenraum ohne Behängungen wirken und nicht von noch so bemerkenswerten Kunstwerken dominiert werden soll.

Die Architekten Gabriele Netzer und Josef Guggenbichler haben das Wort:

„Ein wichtiger Ansatz für unsere Arbeit war die Achtung und Wahrung der vorhandenen Bausubstanz, in die einerseits die technisch notwendigen Erfordernisse wie Beheizung, Belüftung, Beleuchtung, Beschallung usw. einzurichten waren und andererseits wichtige funktionale Notwendigkeiten wie Rettungswege, Brandabschnitte, Garderoben, Toiletten, Zugangsmöglichkeiten für Behinderte usw. eingebaut werden mussten. Ein weiterer zentraler Aspekt war, die Spuren der Geschichte zu bewahren und nicht so zu tun, als ob nichts gewesen wäre. Die bewegte Geschichte der Allerheiligen-Hofkirche sollte ablesbar bleiben. Zum Dritten war es wichtig, ein formales Konzept zu finden, das sich nicht in den Vordergrund drängt, die Kraft der rohen Flächen nicht schmälert und die Raumwirkung unterstützt.

So mussten alle Eingriffe mit größtmöglicher gestalterischer Zurückhaltung, aber dennoch in deutlich ablesbar zeitgenössischer Formensprache erfolgen; die Wirkung des Klenzeschen Rohbaus sollte gesteigert werden und das neu Eingefügte klar erkennbar bleiben. Dieser Haltung entspricht sowohl die sparsame Materialwahl von Stahl, Glas, Beton als auch die konsequente Detailausführung. Sämtliche neuen Elemente wie die Terrazzoböden, die Wendeltreppen oder die Glasbrüstungen sind mit Abstand zum vorhandenen Bauwerk eingefügt und – obwohl detailliert durchgebildet – ganz bewusst mit einem zurückhaltenden Gestaltungswillen geplant. Durchgängig trennen Schattenfugen deutlich Neues von Altem.

Die neuen, glatten und flächigen Elemente heben sich deutlich von der alten, rauen, kleinteiligen und unregelmäßigen Oberfläche der Ziegelwände ab. Sie ordnen sich unter und unterstreichen die Architekturform der Allerheiligen-Hofkirche als eindrucksvolles Raumerlebnis. Die Ziegeloberflächen wurden gereinigt und einige grobe Fehlstellen mit aus den Abbruchsarbeiten begrenzt vorhandenem Material ausgebessert; ansonsten ist lediglich eine leicht getönte Festigungslasur aufgetragen worden, so dass Spuren der Zerstörung und des Wiederaufbaus sichtbar bleiben. Die mit dunkler Eisenglimmerfarbe gestrichenen Türen, Treppen und sonstige Stahlbauteile nehmen sich zurück und wirken ebenso flächig wie der Terrazzoboden, dessen leichte Grüntönung über zahlreiche Musterversuche bestimmt wurde und daher mit dem Ziegelrot der Wände sehr gut harmoniert. Auch die Beleuchtung ist flächig eingebunden und erfolgt fast ausschließlich indirekt über Bodenlichtbänder und eingehängte Lichtdecken aus mattiertem, lichtstreuendem Glas. „Licht statt Lampen“ war hier die Devise.

Die Rohre der Belüftungsanlage, mit Wärmerückgewinnung, wurden zum Teil in den ehemaligen Heizungsschächten in den Wänden verlegt, deren Öffnungen als Luftauslässe genutzt werden; die übrige Luft wird über im Boden angeordnete Quellluftauslässe eingeblasen. Wegen der großen Speichermassen und der hochwertigen Wärmedämmung der Kuppeloberseiten ist eine sommerliche Kühlung nicht erforderlich. Die Beheizung (Fernwärmeanschluss) erfolgt mittels Fußbodenheizung oberhalb und teilweise mittels Bauteilheizung unterhalb der Decken, deren naturbedingte Wärmeverluste das Untergeschoss mit erwärmen. Auch alle übrigen haustechnischen Anlagen sind so angeordnet, dass sie auf den ersten Blick nicht erkennbar sind und so den Raumeindruck nicht stören.“

Nach der Auftragserteilung an das Architekturbüro Guggenbichler + Netzer im September 2000 konnte im Oktober 2001 mit den Bauarbeiten begonnen werden; nach gut eineinhalbjähriger Bauzeit wurde die Allerheiligen-Hofkirche am 3. Juni 2003 feierlich eröffnet. Aufgrund seiner ausgewogenen Akustik bietet der ehemalige Kirchenraum heute einen hervorragenden Rahmen für Konzerte, er ist aber ebenso ein idealer Ort für andere Aufführungen, Feierlichkeiten und Ausstellungen.

Das Nutzungskonzept

Da die adäquate Nutzung des ehemaligen Kirchenraums auch beim Gespräch zwischen Stoiber und Wetter eine zentrale Rolle spielte, wurde ein „Programmbeirat" zusammengestellt: Unter meinem Vorsitz kamen Domdekan Ernst Blöckl, Professor Dr. Hellmuth Matiasek, Professor Dr. Otto Meitinger, Präsident Egfried Hanfstaengl und Ministerialdirektor Dr. Michael Bauer in den nächsten zwei Jahren regelmäßig zusammen. Die konstituierende Sitzung fand am 27. Januar 2003 statt. Die in der Öffentlichkeit vielfach schrille Debatte um die Nutzung wurde durch dieses Gremium sehr schnell beruhigt. Hilfreich waren die Kammerkonzerte des Orchesters der Bayerischen Staatsoper. Diese Konzertreihe wirkte sich stilbildend auf die nachfolgende Programmqualität aus.

Der Programmbeirat verzeichnete im ersten vollen Veranstaltungsjahr bereits 122 kulturelle und sechs „gesellschaftliche" Veranstaltungen. Die Zahl der kulturellen Veranstaltungen stieg in den folgenden Jahren kontinuierlich an. 2015 waren es 183 kulturelle (in der Regel Konzerte) und zwölf gesellschaftliche Veranstaltungen. Der Staat seinerseits veranstaltete 2015 14 Vortrags- oder Festveranstaltungen. Die Einnahmen aus dem Nettomietzins und dem Bewirtschaftungsentgelt ergaben deutlich positive Ergebnisse. Das heißt, dass die Allerheiligen-Hofkirche auch unter finanziellen Gesichtspunkten erfolgreich war und ist.

Kirche und Kabinettsgarten

Die Situation ist mir noch heute gut in Erinnerung: Bei einem der ersten Ortstermine auf der Baustelle der Allerheiligen-Hofkirche sah ich aus dem Fenster hinüber zum „Apothekenstock", in dem heute das Cuvilliés-Theater eingebettet ist. In dem Zwischenraum davor ein erschreckendes Bild: Kieshaufen, Dixi-Klohäuschen, leere Container und sonstiges Gerümpel. Ein erbärmlicher Zustand auf dem Gelände der Residenz! Auf meine Frage an den begleitenden Beamten, was das für ein Platz sei, kam die Auskunft: „Das war der Kabinettsgarten." Auf die Frage „Wie hat das früher ausgesehen?" wurde mir noch am gleichen Tag mit der Vorlage eines alten Plans, der einen schlichten, U-förmigen Holzgitterumgang zeigt, Antwort gegeben.

Nach Auskunft der Verwaltung stand früher im Kabinettsgarten ein Springbrunnen, umgeben von Rasenflächen und mit vier Linden an der Hofmauer sowie durch einen hölzernen Laubengang begrenzt. Im 20. Jahrhundert ist dieser Garten verwildert, wurde als Gemüsegarten und Hühnerhof zweckentfremdet, bis er letztlich durch eine Reihe von Baumaßnahmen zum Abstellraum verkam.

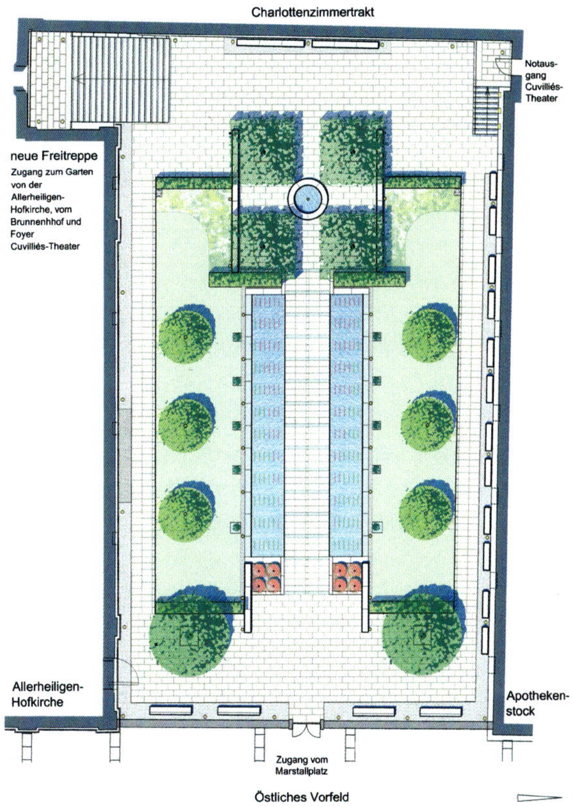

Plan des Kabinettsgartens von Peter Kluska

Die nachfolgenden Gespräche mit der Schlösserverwaltung hatten zum Ergebnis, den ehemaligen Kabinettsgarten möglichst gleichzeitig mit der Allerheiligen-Hofkirche zu gestalten. Allerdings war für mich eindeutig: Eine historisierende Erneuerung des alten Umgangs taugt nicht für ein Freigelände-Foyer. Deshalb erfolgte eine beschränkte Ausschreibung an Gartenarchitekten. Den Zuschlag erhielt der Landschaftsarchitekt Peter Kluska, der durch die Gestaltung des Münchner Westparks bekannt geworden war. Für seinen Entwurf erhielt Kluska im Jahr 2005 den Deutschen Landschafts-Architekturpreis. In der Würdigung dieses Preises formulierte die Jury: „Der Verfasser zeigt vorbildhaft, wie mit einfachen, in sich stimmigen Gestaltungsmitteln ein kleiner, lange Zeit vernachlässigter historischer Garten in einen attraktiven, erlebnisreichen Aufenthaltsort umgestaltet wird. Der Entwurf besticht durch seine klare Struktur und prägnante Formensprache. Naturstein, Pflanzen, Wasser und Licht lassen einen hellen festlichen Raum entstehen, der sich unaufdringlich in das historische Ambiente einfügt und zugleich seiner Funktion als ‚Pausenraum' für die naheliegenden kulturellen Einrichtungen und als Schauplatz besonderer Ereignisse gerecht wird."

Kluska hatte sich schon im Jahr 1995 in die Diskussion um die Planungen zu den unansehnlichen Freiflächen an der Ostseite der Residenz eingeschaltet. Der Vorplatz des Eingangs zur Akademie der Wissenschaften mit dem zur Erinnerung an Kronprinz Ruprecht errichteten Schalenbrunnen erforderte logischerweise auch Überlegungen zum ehemaligen Kabinettsgarten. In einem Aktenvermerk des Landbauamtes München vom 18. Juli 1995 hieß es unter der Überschrift „Allgemeine Planungsziele": „Die Attraktivität des östlichen Vorfeldes der Residenz zu steigern und die Fläche zu einem städtischen Platz mit Qualität zu gestalten, der dabei die vielfache intensive Nutzung zulässt, ist wesentliches Ziel der Planung. Davon profitieren sollen zum Beispiel:

- die Residenz selbst durch die Auffrischung der Durchfahrt zum Apothekenhof mit Rekonstruktion der Einfahrtstore;
- die Akademie der Wissenschaften mit einem verbesserten Zugang und Vorfeld;
- das spanische Kulturinstitut durch die Befestigung und Aufwertung der Platzfläche;
- die Staatstheater durch das Freihalten der Zuwege, Wende- und Rangierflächen;
- die Fußgänger durch eine leichtere Überquerungsmöglichkeit der Platzflächen;
- der Ruhebedürftige durch die rekonstruierte Gestaltung des Kabinettsgartens als grüner Klostergarten."

Die Planung sollte nach dem damaligen Vermerk innerhalb von zwei Jahren umgesetzt werden, was jedoch aus ungeklärten Gründen auf sich warten ließ. Erst die Renovierung der Allerheiligen-Hofkirche hat den Kabinettsgarten wieder zum Thema gemacht. Bei der Umsetzung der Kluska-Planungen wurden noch Änderungen vorgenommen: So wurde die breite Steintreppe von der Allerheiligen-Hofkirche in den Garten – gegen den erklärten Willen von Architekten – gebaut; entlang den Mauern wurden Steinbänke für ruhebedürftige Flaneure gesetzt.

Die entscheidende Ergänzung war ein Kunstwerk: die „Flora III" von Fritz Koenig. Sie hat ihre eigene Geschichte: Im Frühjahr 2003 kam der Generaldirektor der Bayerischen Staatsgemäldesammlungen, Professor Dr. Reinhold Baumstark, zu mir mit dem Vorschlag, den im Bau befindlichen Kabinettsgarten mit einer Skulptur von Fritz Koenig zu bereichern. Das Gespräch mit dem Künstler ergab, dass er auf der „hinteren Wiese" des Ganselbergs (seinem Wohnsitz bei Landshut) noch drei Flora-Skulpturen stehen hatte. Peter Anselm Riedl schreibt dazu in der Einführung zu Fritz Koenigs Werkverzeichnis (München, 2003): „Zur Flora-Gruppe gehören Arbeiten, deren auffallendste Eigenart die weit auseinanderklaffenden Hüften der

Fritz Koenig und Kurt Faltlhauser bei der Diskussion über den Preis der nebenstehenden „Flora III"

Der Kabinettsgarten während einer Veranstaltungspause im Sommer

Kopfkugel sind. Die ‚Große Flora III' von 1970/1971 [...] und einige andere Varianten haben einen hohen Trageschaft."

So kam es ohne weitere Vorklärungen zu einer Probeaufstellung, bei der Baumstark, Koenig und Faltlhauser gemeinsam anwesend waren. Das einhellige Urteil der drei Herren: Die Plastik ist wie geschaffen für diesen ruhigen Innenraum. Vor der nur provisorisch aufgestellten Flora III verhandelten Koenig und ich: „Herr Koenig, was kostet denn die Flora?" – „65.000 €!" – „Um Gottes willen! Das kann ich nicht bezahlen! Das steht in keinem Haushaltsansatz!" – „Ich verhandle nicht! 65.000 oder ich nimm's wieder mit!"

Fritz Koenig blieb bayrisch-derb und standhaft. Das Problem konnte jedoch gelöst werden durch meinen Anruf bei Otto Beisheim, der mir bei anderen Projekten schon großzügig finanziellen Beistand gewährt hatte. Noch am Telefon sagte Beisheim zu, die gesamten Kosten der Skulptur zu übernehmen. An diese großzügige Geste erinnert heute ein kleines Messingschild neben dem Eingang zum Kabinettsgarten. Mit dieser Skulptur hat der Kabinettsgarten gewissermaßen seine Seele eingehaucht bekommen. Es gibt wenige Orte im Zentrum der Stadt, die mehr Ruhe und Geborgenheit vermitteln als dieser Garten. Für viele Besucher von Veranstaltungen in der Allerheiligen-Hofkirche bietet er in der Sommerzeit Erholung.

Der Kabinettsgarten wurde mit insgesamt 437.000 Euro am 17. Februar 2004 abgerechnet, mit der „Flora" zusammen eine Baumaßnahme von einer halben Million Euro Kosten. Wenige Bauwerke in der Münchner Innenstadt haben für so wenig Geld einen so wunderbaren Effekt erreicht.

Monarchie und Demokratie

Die Bayerische Staatskanzlei am Hofgarten

Den Münchner Hofgarten schließt im Osten heute die Bayerische Staatskanzlei ab, ein Repräsentationsbau von eigenartigem Charakter, dem man die Kompromisse anmerkt, die ein jahrzehntelanges demokratisches Ringen erzwang. Im Zentrum erhebt sich geradezu trutzig ein mächtiger historistischer Kuppelbau, Rest des vormaligen Armeemuseums.

An ihn schließt sich seitlich je ein moderner Flügelbau an, der an der Gartenseite, der eigentlichen Schauseite, eine transparente „Treibhausfassade", sog. „Orangerie", zeigt, zum Franz-Josef-Strauß-Ring hin aber eine geschäftsmäßig-nüchterne Rasterfassade mit einem eher abweisenden Eingangsbereich.

◁ *Blick in den historischen Kuppelsaal der Bayerischen Staatskanzlei*

Lothar Altmann

Eine höfisch-martialische Vorgeschichte

Lust- und Gartenhäuser

Die Nutzung und damit die Gestaltung des Areals, auf dem heute die Bayerische Staatskanzlei steht, änderten sich in den letzten 500 Jahren mehrmals grundlegend. So zeigen der Vogelschau-Stadtplan Tobias Volckmers d. J. von 1613 bzw. der Wenzel Hollars von 1623 östlich der Hangkante, die noch heute den Hofgarten von seinem tiefer gelegenen Teil trennt, einen in etwa trapezförmigen Garten. In dessen Nordostecke erhebt sich ein zweigeschossiges Sommerhaus mit westlich anschließendem (Säulen-)Arkadengang (sog. „Altane") und einem ersten Brunnenhaus. Es handelt sich bei dieser Anlage um den von Bayernherzog Albrecht V. in den 1560er Jahren für seine Gemahlin Anna von Österreich geschaffenen „neuen Lustgarten", den später so genannten Unteren Hofgarten. Der Wandelgang mit den toskanischen Rotmarmorsäulen wurde dann wohl unter Herzog Wilhelm V. im späten 16. Jahrhundert um eine zweite (Pfeiler-)Arkadenreihe aufgestockt. Dieser Gangkomplex hat im Kern alle späteren Umgestaltungen überdauert. Er wurde im Zug der Planungen zur Staatskanzlei im unteren Bereich wieder freigelegt, konserviert und zu seinem Schutz modern überdacht.

Herzog Maximilian I. ließ die obere (Pfeiler-)Arkadenreihe dann als eingeschossige Nord- und Westeinfassung des 1613 bis 1617 angelegten Oberen Hofgartens fortführen. Gleichzeitig wurde der ältere Untere Hofgarten etwas erweitert und erhielt als neuen Ostabschluss ein Lustschlösschen. Es wurde von zwei Rechteckbauten pavillonartig flankiert, wobei im nördlichen das Sommerhaus Albrechts V. einbezogen war. Ausdehnung, Zentrierung und Symmetrie dieses neuen Baukomplexes sollten Maßstab für alle folgenden Bauten an dieser Stelle bis hin zur Staatskanzlei werden. Davor erstreckte sich ein großes querrechteckiges Wasserbecken (Fischteich), in dessen Mitte ein über zwei Dämme bzw. Brücken zugängliches Inselchen lag, das 1734 und 1792 Veränderungen erfuhr. Weiter im Osten, an den Stadtbächen, schloss sich ein gewerblicher Bereich mit zwei Mühlen an. Ebenfalls unter Maximilian I. kam das gesamte beschriebene, bislang vorstädtische Areal innerhalb der neuen Wallbefestigung Münchens zu liegen.

Ansicht des Unteren Hofgartens; Kupferstich von Matthias Disel, um 1720

Fabriken und Kasernen

Die Epoche der Aufklärung und des Nützlichkeitsdenkens brachte radikale Veränderungen für den Hofgarten, insbesondere für dessen Ostbereich, mit sich. Zunächst wurde das mittlere und damit stattlichste der drei maximilianischen Gartenhäuser (das „Vischhaus“ genannte Lustschlösschen) 1766 bis 1769 von Karl Albert von Lespilliez zu einem „Filatorium“, einer kurfürstlichen Seidenspinnerei, umgebaut. An der südlichen Schmalseite des Parterres entstand 1796 das dreiflügelige sogenannte Seidenhaus, eine private Seidenbandweberei. Das Seidenhaus wurde 1803 vom Staat zur Nutzung als Artilleriekaserne angemietet und kam 1808 in Militärbesitz.

Einen neuen, monumentalen Ostabschluss bekam der Hofgarten 1804/07 durch die sogenannte Hofgartenkaserne nach Plänen des Kriegsökonomierates Joseph Frey. Der 189 m lange viergeschossige Zweckbau, der für 1800 Personen ausgelegt war und insgesamt 256.629 Gulden gekostet hatte, diente dem Infanterie-Leibregiment, den sogenannten „Leibern“ (später 1. Infanterie-Regiment „König“), als Unterkunft. Nach der hierzu 1801 angeordneten Trockenlegung des Hofgartenteichs konnte das Vorfeld dieser Kaserne zu einem Exerzierplatz („Place d'Armes“)

„An der Hofgarten-Kaserne"; Zeichnung von Peter Bauer, 1892

eingeebnet werden. In der zweiten Hälfte des 19. Jahrhunderts wurde die Hofgartenkaserne – angeblich wegen des feuchten Untergrunds – zunehmend eine gesundheitliche Bedrohung Münchens. Als in ihr im Sommer 1893 eine Typhusepidemie ausbrach, an der 400 Soldaten erkrankten und 34 sogar starben, wurde umgehend ihre Schließung und die der benachbarten Seidenhauskaserne verfügt.

Zur Verbesserung der unbefriedigenden, ja unwürdigen Situation an der Hofgartenostseite waren im 19. Jahrhundert mehrfach Vorschläge gemacht worden. So wollte schon Leo von Klenze das Kasernenareal durch Fortführung der Arkaden an der Ost- und Südseite wieder in den Hofgarten integrieren, wobei der übermächtige Kasernenkomplex einem wesentlich reduzierten Neubau Klenzes hätte weichen sollen. Auch bezog sich eine der drei Standortvarianten des Richard-Wagner-Festspielhauses, das von Gottfried Semper 1866/67 im Auftrag König Ludwigs II. geplant wurde, auf dieses Areal. Nach weiteren konträren Überlegungen in den 1890er Jahren – u. a. ein „Kulturbau" mit Kuppel (!) – entschied sich das Kriegsministerium 1898, das Gelände nicht an „Investoren" zu veräußern, sondern es selbst zu bebauen mit einem Museum zur Militärgeschichte Bayerns.

Hierzu wurden 1899 die beiden inzwischen unbewohnten Kasernen abgebrochen. Bestehen blieben nur die Renaissancearkaden (an der Nordseite des Terrains), die von Klenze nach 1846 mit dem von ihm umgestalteten maximilianischen Hofgarten-Brunnhaus verbunden und von Eduard Riedel 1865/66 mit dem Gebäude des Kunstvereins überbaut worden waren. Planung und Bauleitung des Armeemuseums hatte Ludwig Mellinger (1849–1929), Geheimer Oberbaurat im Kriegsministerium. Ihm standen die Architekten Gottfried Kurz (ebenfalls aus der militärischen Bauverwaltung) und Wilhelm Maxon (als eigentlicher Bauleiter) zur Seite. Die Projektierung hatte bereits 1899 eingesetzt und wurde auch noch während der Bauarbeiten weitergeführt, die am 8. Juni 1900 mit dem ersten Spatenstich begonnenen hatten. So wurde beispielsweise die endgültige Gestaltung der Kuppel erst festgelegt, nachdem Mellinger 1903 hierfür eigens eine Studienreise nach Norditalien unternommen hatte.

Schon im Herbst 1902 konnten die Dienstwohnungen im abgewinkelten Nordflügel an der Galeriestraße und 1904 das Hauptgebäude schrittweise bezogen werden; der überdimensionierte Kuppelbau wurde 1905 vollendet. Die feierliche Eröffnung des – mit Nordflügel – ca. 177 m langen, durchaus martialisch wirkenden Monumentalbaus des Bayerischen Armeemuseums erfolgte am 12. März 1905 durch Kronprinz Ludwig, den späteren König Ludwig III., und Kriegsminister Adolph Freiherrn von Asch. Gleichzeitig wurde Architekt Ludwig Mellinger in den Adelsstand erhoben. Unter den zahlreichen ausführenden Firmen sind vor allem Heilmann & Littmann sowie – für die kühne Eisenbetonkonstruktion des Kuppelbaus – Wayss & Freytag hervorzuheben. 1907 waren alle Baumaßnahmen des über zwei Millionen Mark teuren Projekts abgeschlossen.

Unter eindeutiger Bezugnahme auf Leo von Klenzes benachbarten Festsaalbau der Residenz lehnte sich der Neubau an die italienische Hochrenaissance an, wenn auch in einer für den späten Historismus bezeichnenden Monumentalisierung. Durchaus fortschrittlich war zum einen die Auflösung der Mauerflächen der Flügelbauten in von großen Rundbögen zusammengefasste Fensterachsen nach dem Vorbild damaliger amerikanischer Geschäftshäuser, zum andern die Eisenbetonkonstruktion des Kuppelbaus mit mächtigen Parabelbögen als tragendem Hauptelement. Die in moderner Rabitztechnik erfolgte, aber noch gänzlich historisierende Ausgestaltung der Kuppelhalle, also die noch bestehende Divergenz zwischen Konstruktion und Erscheinungsbild, machte das Armeemuseum zu einem – allerdings beachtlichen – Beispiel einer Architektur in einer entwicklungsgeschichtlichen Übergangssituation. Wie andere damals neue Staatsgebäude Münchens (Justiz-

Gartenfassade des Armeemuseums, 1905/11

palast, Verkehrsministerium, Bayerisches Nationalmuseum), die das Stadtbild mit ihren imposanten Kuppeln/Aufbauten beherrschten, war auch das Armeemuseum als ein unübersehbares Monument der Selbstdarstellung Bayerns zur Prinzregentenzeit zu verstehen, das zugleich dem neuen großstädtischen Charakter der enorm gewachsenen Metropole als angemessen erschien.

Die Darstellung der bayerischen Heeresgeschichte im Zusammenhang mit der Landes- und Dynastiegeschichte war angesichts sukzessiver Verluste von bayerischer Eigenständigkeit an das Deutsche Kaiserreich eine willkommene Kompensation. Das erklärt auch den großen architektonischen Aufwand, der bei diesem Museumsbau betrieben wurde. Man denke nur an den durch eine Freitreppe abgehobenen Säulenportikus oder an die mächtige, samt Laterne 51 m hohe Kuppel. Die Schausammlungen nahmen Sockel- und Erdgeschoss der beiden Seitentrakte ein, die im Norden und Süden in Eckpavillons (für Stadtkommandantur, Feldzeugmeisterei usw.) endeten. In den beiden Obergeschossen waren das Kriegsarchiv und die Armeebibliothek untergebracht. Somit wird auch das zunächst eigenartige Motto „ARMIS ET LITTERIS“ (für Armee und Wissenschaft) verständlich, das an der Attika zu lesen war. Nicht nur reales, sondern auch ideelles Zentrum des Armeemuseums war die kuppelüberhöhte „Ruhmeshalle". Sie war programmatisch wie typologisch von derjenigen des Wiener Heeresgeschichtlichen Museums und des Berliner Zeughauses angeregt, aber auch vom Pantheon des Böhmischen Nationalmuseums in Prag.

Im wieder gärtnerisch gestalteten östlichen Vorfeld des Armeemuseums entstanden nachträglich zwei passende Denkmäler: Auf einer halbrunden Terrasse vor dem Mittelbau wurde am 12. März 1911, dem 90. Geburtstag des Prinzregenten, das Reiterdenkmal des Herrschaftsbegründers der Dynastie in Bayern, Herzog Ottos I. von Wittelsbach, enthüllt. Die ca. 3,5 m hohe Bronzefigur wurde von Ferdinand (II) von Miller modelliert und gegossen. Nach dem Ersten Weltkrieg kam das Denkmal für die ca. 13.000 Gefallenen der Landeshauptstadt München hinzu. Dieses Gemeinschaftswerk der Architekten Thomas Wechs und Eberhard Finsterwalder sowie des Bildhauers Karl Knappe wurde an Weihnachten 1924 eingeweiht, in Details aber erst 1928 vollendet. Das auf übermäßiges Pathos verzichtende, ernste und würdevolle Kriegerdenkmal gilt als eines der architektonisch und künstlerisch gelungensten Beispiele seiner Gattung.

Zwischen 1936 und 1939 wurden sukzessive die Armeebibliothek, das Kriegsarchiv und schließlich das Armeemuseum selbst samt Gebäude der Wehrmacht unterstellt. Angeblich auf persönlichen Wunsch Adolf Hitlers hin sollte es erweitert werden. Hierzu entwarf German Bestelmeyer 1940 einen Parallelbau, wobei die bisherige Kuppel einer neuen über dem mittigen Zwischenbau hätte weichen müssen. Auch eine Orientierung des Museums mittels einer nördlich quer angefügten „Halle der Helden" hin zu einem neuen großen Platz zwischen dem „Haus der Deutschen Kunst" und dem als Pendant hierzu geplanten „Haus der Deutschen Architektur" war angedacht. Realisiert wurde davon aber nichts.

Das kriegszerstörte Armeemuseum vor dem Abbruch der Seitenflügel

Der Altstadtring Nord-Ost mit der Ruine des Kuppelbaus, um 1971

Dank Kriegszerstörung neue Chancen

Beim ersten Tages-Luftangriff der Amerikaner auf München am 18. März 1944 wurde auch das Armeemuseum getroffen. Weitere Schäden durch Brand- und Sprengbomben folgten nachweislich am 16. Juli und besonders am 17. Dezember desselben Jahres, aber auch noch am 7. Januar und 25. Februar 1945 (vgl. R. Bauer: Fliegeralarm). Dabei wurden die Obergeschosse der Flügeltrakte fast völlig zerstört, wogegen vom Kuppelbau und den beiden Eckpavillons noch die Umfassungsmauern stehen blieben. Die Museumsbestände wurden, soweit noch vorhanden, 1945 vom Bayerischen Nationalmuseum übernommen und fanden 1969 im heutigen Bayerischen Armeemuseum im Neuen Schloss zu Ingolstadt ihre endgültige Bleibe. Auch die Armeebibliothek gelangte – nach einer Irrfahrt in die USA dezimiert – nach Ingolstadt, und zwar in die dortige ehemalige Heeresbäckerei; das Kriegsarchiv hingegen wanderte in ein altes Militärdepot an der Leonrodstraße in München-Neuhausen.

Der Altstadtring Nord-Ost

Im August 1946 stimmte der Münchner Stadtrat dem visionären Exposé „Das neue München – Vorschläge zum Wiederaufbau" zu, das der damalige Stadtbaurat Karl Meitinger bereits im Dezember 1945 erarbeitet hatte. Es sah unter anderem drei Ringstraßen von bis zu 70 m Breite zur Verkehrsentlastung der Innenstadt vor und stellte somit die Weichen für die Schaffung des Altstadtrings mit Blockrandbebauung. Was diesen Ring in Höhe des Armeemuseums betrifft, so wäre er nach Meitinger etwas weiter östlich verlaufen, hätte also direkt auf das Haus der Kunst zugeführt und somit vor dem Prinz-Carl-Palais einen Streifen freigelassen, den man als ausreichendes Bindeglied zwischen Hofgarten und Englischem Garten hätte nutzen können. 1962 präsentierte dann nach dreijähriger Planung ein Beratergremium mit dem Verkehrsexperten Karl Leibrand ein Konzept für eine aufgelockerte und autogerechte Stadt, das zwar in etwa auf Meitingers Trassenführung fußte, sich aber nicht mehr um vorhandene historische Strukturen kümmerte.

Auch wenn dieser Plan so nie umgesetzt wurde, färbte er doch auf den Stadtentwicklungsplan („Jensen-Plan") von 1963 ab, der eine „zweite Zerstörung Münchens"

(Erwin Schleich) zur Folge hatte. So wurden davon beispielsweise der autobahnartige Altstadtring in einer Schneise von aufgerissenen Gebäudeblöcken sowie der Verkehrsknoten vor dem Prinz-Carl-Palais übernommen, wobei Belange der Fußgänger kaum Beachtung fanden. Auch bewirkten die Vorschläge zur Stadtplanung 1965 den Abbruch der Seitenflügel und Eckpavillons des inzwischen weiter verfallenen Armeemuseums wegen angeblicher Gefährdung des Straßenverkehrs und machten so die isolierte Kuppelruine zu einem unproportionierten Blickfang des Rings.

Gegen die geplante Untertunnelung des Prinz-Carl-Palais regte sich 1966 – da „stadtbaukünstlerisch unannehmbar“ – Widerstand in der Bevölkerung, wobei die Bürgerinitiative „münchner bauforum“ eine zentrale Rolle spielte. Die Realisierung dieses Projektes konnte dadurch zwar nicht gänzlich verhindert werden, doch führte der Bürgerprotest 1968 zur Gründung eines „Diskussionsforums für Stadtentwicklungsfragen“, seit 1972 „Münchner Forum e.V.“ (siehe auch Beitrag zum Alten Hof), durch Oberbürgermeister Hans-Jochen Vogel. Dieser Verein sollte später auch vehement die Reduzierung des Baukörpers der geplanten Staatskanzlei fordern, mit Erfolg.

1948 legte die Oberste Bayerische Baubehörde einen Plan zum Wiederaufbau der Ruine des Armeemuseums vor, der zwar die Wiedererrichtung der zerstörten Seitenflügel, aber seltsamerweise den Abriss der noch verhältnismäßig intakten Kuppel vorschlug. Der Gedanke eines Wiederaufbaus des Museums – in welcher Form auch immer – sollte sogar noch 1968 Hans Döllgast und 1981 Erwin Schleich beschäftigen, jeweils unter Beibehaltung der Kuppel. 1978 formierte sich eine Bürgerinitiative „Rettet das Armeemuseum!“.

Rundfunkgebäude, Museum oder Staatskanzlei?

Inzwischen hatte der Bayerische Rundfunk sein Interesse an dem Gelände bekundet, um darauf ein neues, attraktives Funkhaus zu erstellen. Er hätte nämlich schon 1926 eine angemessene Unterkunft in dem von Richard Riemerschmid geplanten „Volkshaus“ an der Hofgartennordseite erhalten sollen und trachtete nun danach, den Herkulessaal der Residenz zu seinem Konzertsaal auszubauen, was dann 1951 bis 1953 auch geschah. Zu dem Funkhaus-Projekt lieferte Adolf Abel 1949/50 mehrere sehr funktionale Pläne, die alle von einer Sprengung des Kuppelbaus ausgingen. Der im Juni 1950 vorgelegte Vertragsentwurf zum Kauf des Areals wurde aber vom Bayerischen Rundfunk nie ratifiziert. 1955 entschied sich der Sender schließlich für den Standort am Hauptbahnhof. Eine „Ideenskizze" von 1959 im Staatsarchiv München bezeugt, dass dann bereits das Bayerische Innenministerium mit der Errichtung eines Verwaltungsgebäudes – für die Oberste Baubehörde – am Hofgarten liebäugelte.

Im Jahre 1961 diskutierte der Bayerische Landtag die Schaffung eines „Hauses der bayerischen Geschichte", wofür sich im Januar 1962 ein breit besetztes Kuratorium konstituierte. Am 6. Februar 1962 beschloss der Ministerrat – wie schon zuvor am 5. Dezember 1961 der kulturpolitische Ausschuss des Bayerischen Landtags – den Bau einer neuen Staatskanzlei an der Stelle des Armeemuseums, und zwar ohne die Museumsruine zu erhalten. Im Ministerratsbeschluss vom 20. November 1962 war auch die Rede davon, dass hier außerdem „ein Haus der Bayerischen Geschichte als einzige weitere Institution Platz finden" solle.

So schrieb die Landeshauptstadt München unter Beteiligung des Freistaats Bayern zunächst einen städtebaulichen Ideenwettbewerb für den Altstadtring Nord-Ost aus. Im Juli 1966 entschied ein Preisgericht unter Vorsitz von Prof. Herbert Jensen über 90 eingereichte Arbeiten bayerischer Architekten, wobei der geplante Standort der Staatskanzlei am Hofgarten unumstritten war und von zwei Dritteln der Teilnehmer der Abriss der Museumskuppel befürwortet wurde. Ein erster Preis wurde nicht vergeben, sondern nur zwei zweite Preise (an Wolfgang Boresch und Bernhard von Busse), da zwar viele Anregungen, aber keine endgültigen städtebaulichen Lösungen darunter waren. Doch sprach sich die Jury generell für den Erhalt des Unteren Hofgartens samt Kriegerdenkmal aus. Ein beabsichtigter zweiter Wettbewerb, der den Bau der Staatskanzlei zum Inhalt haben sollte, unterblieb.

Am 19. November 1968 bestimmte dann der Ministerrat das Prinz-Carl-Palais zum Sitz des bayerischen Ministerpräsidenten und den westlich anschließenden Finanzgarten zum neuen Standort der Staatskanzlei. Im nächsten Jahr lobte der Freistaat hierfür einen Architektenwettbewerb aus. Kurioserweise gab es auch diesmal keinen ersten Preis, doch sollte dann Uwe Kiessler mit diesem Projekt beauftragt werden, dessen Entwurf eines Stelzenbaus gesondert angekauft worden war. Im Beschluss vom 11. Februar 1969 ließ der Ministerrat das Gelände des ehemaligen Armeemuseums für den Neubau der Staatsgalerie moderner Kunst, der Neuen Sammlung und der Staatlichen Graphischen Sammlung reservieren, „auf dem auch ‚allenfalls' das Haus der Bayerischen Geschichte untergebracht werden" könne.

Rechtzeitig zur Olympiade 1972 war der Altstadtring samt der Untertunnelung des Prinz-Carl-Palais und der Fußgängerunterführung zwischen Hofgarten und Englischem Garten vollendet. Und für 1973 war schon mal der Baubeginn der Staatskanzlei im Finanzgarten in Aussicht gestellt. Doch verzögerte sich das Projekt immer wieder „durch Kompetenzwirrwarr, Programmreduzierungen, Programmerweiterungen und mangelnde Koordination der beteiligten Behörden“, wie der Bund der Steuerzahler meinte (SZ vom 21.6.1978). Auch waren beim zweiten städtebaulichen Wettbewerb „Altstadtring Nord-Ost“, der im Juni 1972 entschieden worden war, auf dem Armeemuseumsareal bereits Neubauten für die genannten Museen und auch noch für das Innenministerium festgeschrieben, jetzt allerdings unter der nicht ganz einfachen Prämisse, den monumentalen historischen Kuppelbau als unverzichtbaren Bestandteil der Stadtsilhouette zu integrieren. Auch diesem Wettbewerb war kein durchschlagender Erfolg beschieden, außer dem, die Bekräftigung des Stadtrats am 21. November 1973 bewirkt zu haben, die Kuppel des Armeemuseums unbedingt zu erhalten und in die Planungen einzubeziehen. Damals wurde der Kuppelbau als Bestandteil des Hofgartenensembles in die Denkmalliste aufgenommen.

Schließlich wurde Anfang Juli 1978 die endgültige Aufgabe des Finanzgarten-Projekts durch einen Vertreter der Staatsregierung im Landtagsausschuss für Staatshaushalt und Finanzfragen bekanntgegeben. Für diese Entscheidung waren vor allem das erhöhte Sicherheitsrisiko nach dem Terroranschlag bei den Olympischen Sommerspielen und – in Anbetracht des darunter verlaufenden, 610 m langen Altstadtring-Tunnels – die hohen Kosten, die der Oberste Rechnungshof bemängelt hatte, ausschlaggebend. Eine daraufhin angedachte Erweiterung der Staatskanzlei am bisherigen Standort Prinzregenten-/Oettingenstraße scheiterte am Widerstand der Anwohner, des zuständigen Bezirksausschusses und schließlich des Münchner Stadtrats. Deswegen rückte wieder das Hofgartengelände in den Fokus der Überlegungen.

In seinem Schreiben an den damaligen Ministerpräsidenten Alfons Goppel vom 10. Juli 1978 hatte der Landtagsabgeordnete Dr. Kurt Faltlhauser vorgeschlagen, „möglichst bald eingehend zu prüfen, ob das Armeemuseum für die Aufnahme der Staatskanzlei geeignet ist“. Eine solche Überlegung sei „in ein Gesamtkonzept einzubinden, das das Prinz-Carl-Palais am nördlichen Flügel des Armeemuseums ebenso mit einbindet, wie das Nationaltheater-Werkstattgelände am südlichen Flügel des Armeemuseums. Da derartige Bauplanungen von ganz herausragender städtebaulicher Bedeutung für München sind, würde ich vorschlagen, daß von Anbeginn an diese Fragen in einer Projektgruppe mit der Stadt München gemeinsam in Angriff genommen werden.“ Doch Ministerpräsident Goppel vertrat in seinem Antwortschreiben vom 24. Juli die Meinung, dass „das Projekt der Staatskanzlei im Finanzgarten“ keineswegs „endgültig ad acta gelegt“ und „das Armeemuseumsgelände als Standort […] derzeit kein Diskussionsthema“ sei.

Hindernisreiche Planung der Staatskanzlei

Konkret wurden dann die Planungen zur Errichtung der neuen Staatskanzlei am heutigen Standort, als Franz Josef Strauß, seit November 1978 bayerischer Ministerpräsident, im Februar 1979 ein „Machtwort" sprach: „Rundfunk, Museen: wunderbar! Aber wo bleibt der Staat? Sollen wir uns mit der Staatskanzlei draußen in Großhadern verstecken? Wir gehen auf den Platz des Armeemuseums!"

Am 7. August 1979 wurde in einer internen Besprechung festgelegt, dass auch das zukünftige „Haus der Bayerischen Geschichte" hier seinen Platz finden, der Museumsneubau (Pinakothek der Moderne) aber – auf Wunsch des Kultusministeriums – auf dem Gelände „Marstallplatz-Nord", wo sich heute die Zentrale der Max-Planck-Gesellschaft befindet, entstehen soll. Ein entsprechender Beschluss des Ministerrats erfolgte am 1. April 1980. Er lautete: „Zur Unterbringung der Bayerischen Staatskanzlei und des Hauses der Bayerischen Geschichte werden die Flügelbauten des ehemaligen Armeemuseums in den alten Ausmaßen mit einer in Anlehnung an die historischen Formen neugestalteten Fassade wiedererrichtet. Auf dem Gelände nördlich im Anschluß an das Armeemuseum wird zusätzlich ein entsprechender Bau errichtet" (in: Buttlar/Bierler-Rolly, S. 154).

Der Freistaat Bayern und die Stadt München einigten sich darauf, zunächst durch Gutachter Eckdaten für die Bebauung des Areals ehemaliges Armeemuseum, Finanzgarten und Marstallplatz-Nord festlegen zu lassen. Es „sollten die Grenzen der Bebaubarkeit und die Nutzungsverteilung insbesondere unter Beachtung stadtgestalterischer und denkmalpflegerischer Gesichtspunkte auf dem Gelände des ehemaligen Armeemuseums untersucht werden". Eingeladen wurden hierzu laut Stadtratsbeschluss vom 12. November 1980 Fred Angerer, Andreas Hempel, das Büro Kammerer + Belz, Otto Meitinger, Gustav Peichl und Erwin Schleich. Diese und auch die Mehrheit der Gutachter kamen 1981 – wie schon im Sommer 1980 Ernst Maria Lang, der Präsident der bayerischen Architektenkammer, nach einer stark besuchten Diskussionsveranstaltung zu diesem Thema – zu folgendem Ergebnis: Das gewünschte Raumprogramm von Staatskanzlei und Haus der Bayerischen Geschichte kann auf dem Gelände des ehemaligen Armeemuseums realisiert werden, am besten in einer u-förmig zum Unteren Hofgarten hin ausgreifenden Anlage und in „kritischer Auseinandersetzung mit der für die staatliche Selbstdarstellung heute angemessenen Formensprache"; dabei sollte die Traufhöhe der einstigen Flügelbauten nicht überschritten und die Böschungssituation beibehalten werden. Im Juli 1981 beschloss der Münchner Stadtrat einstimmig, die Obergutachterempfehlungen in die Entwürfe zum Flächennutzungs- und Bebauungsplan einfließen zu lassen.

Eine Präsentation der Grundzüge dieser Planungen im Rahmen einer vorgezogenen Bürgerbeteiligung im Juli/August 1981 stieß auf äußerst geringes Interesse. Bis Herbst 1981 war dann von Seiten der Stadt die planungsrechtliche Basis für die Auslobung eines Architektenwettbewerbs geschaffen. Hierzu stellte Stadtbaurat Uli Zech ausdrücklich klar, dass „eine Realisierung des Bauvorhabens ausschließlich im Rahmen der Obergutachterempfehlung möglich sei" und dass diese „von der Landeshauptstadt im Hinblick auf die städtebauliche Bedeutung des Ensembles eng ausgelegt" werde (nach: Hermann Syndikus, in: bau intern 1993).

Dementsprechend gleichförmig in der Anlage fiel auch das Ergebnis des Wettbewerbs aus. Das Preisgericht, in dem auch zwei Vertreter der Landeshauptstadt saßen, erklärte im Oktober 1982 einstimmig unter den 65 Einsendungen das Projekt des Architektenteams Diethard Johannes Siegert und Reto Gansser zum Sieger und empfahl zugleich, den Preisträger mit der weiteren Planung zu beauftragen. Die Begründung hierfür lautete: Diesem „gelingt auf Anhieb eine Auseinandersetzung mit der historischen Substanz, die in einer geistvollen Weise Symmetrie und Lockerung spielerisch gegeneinander setzt. Damit findet er sowohl eine Verbindung zur Geschichte wie auch den Freiraum für eine zeitgemäße Lösung". Parallel zu diesem Wettbewerb war schon mal der Kuppeltrakt baulich gesichert worden. Nach der einstimmigen Verabschiedung durch den Stadtrat wurde der noch leicht modifizierte Bebauungsplan dann am 2. April 1984 von der Regierung von Oberbayern gebilligt und damit rechtsverbindlich. Der Baubeginn sollte 1986, die Fertigstellung 1990 sein.

Im Oktober 1984 wurden dann erste Fotos des Baumodells veröffentlicht. Nach unerwarteten wie medienwirksamen Protesten von Stadtplanern, Architekten und Bürgern sowie einer Unterschriftensammlung gegen diese Ausführung („ungeschlachte, furchteinflößende, stumpfsinnige Bürohausfassaden") lehnte im April 1985 die Münchner Stadtgestaltungskommission den Bauantrag wegen zu großer Baumasse ab und empfahl eine Überarbeitung. Am 1. August 1985 stimmte hingegen die Regierung von Oberbayern dem Bauvorhaben zu, da es sich gänzlich an den von der Stadt genehmigten Bebauungsplan halte. Dagegen legte die Landeshauptstadt München im September Widerspruch ein und erhob im Dezember Klage. Dabei mussten auch die um 1900 verschütteten, 1985 aber wiederentdeckten albertinischen Hofgartenarkaden als Gegenargument herhalten, obwohl das Bayerische Landesamt für Denkmalpflege deren vollständigen Erhalt etwas später nicht als zwingend notwendig ansehen sollte. Die Klage der Stadt wurde dann 1986 in zwei Instanzen abgelehnt.

Parallel hierzu ging die Debatte weiter: So beschloss am 23. Juli 1986 der Stadtrat einen nochmaligen Ideenwettbewerb für diesen Abschnitt des Altstadtrings in Form eines einwöchigen „Entwurfsseminars". Ein Ergebnis davon waren die einmütige Empfehlung, „eine Bebauung des unteren Hofgartens in den Dimensionen

Karikatur zur Regierungserklärung von Ministerpräsident Franz Josef Strauß u.a. auch zum Stand der Staatskanzlei-Planungen; Ernst Maria Lang, 1984

des vorliegenden Realisierungsprojektes" zu vermeiden, sowie das Votum für eine Aufhebung des Autobahncharakters des Altstadtrings an dieser Stelle. Auch gab es Vorschläge zu anderen möglichen Standorten der neuen Staatskanzlei. Im Frühjahr 1988 signalisierte die Stadt dem Freistaat, dem Standort am Hofgarten zuzustimmen, wenn die Seitenarme der Flügelbauten entfielen und die Renaissancearkaden erhalten blieben. Doch „die politischen Hintergründe verhinderten eine sachbezogene Diskussion und vergifteten das Klima" (Siegert, in: bau intern 1993, S. 12). Schließlich empfahl das Bundesverwaltungsgericht, einen Kompromiss anzustreben, „weil von einer Ungültigkeit des Bebauungsplanes nicht ausgegangen werden könne".

Daraufhin ergriff der – seit Oktober 1988 – neue Ministerpräsident, Max Streibl, die Initiative und lud Münchens Oberbürgermeister Georg Kronawitter zu einem Gespräch am 30. Januar 1989 ein. Beide wurden sich schnell einig. So konnte Diethard Johannes Siegert ab Februar ein neues Konzept ausarbeiten. Dabei war ihm ein Beratergremium zur Seite gestellt, bestehend aus den Architekten Alexander Freiherr von Branca, Ernst Maria Lang, Peter Lanz und Otto Meitinger sowie dem Stadtbaurat Uli Zech. In dem neuen Entwurf, der bereits am 10. Mai 1989 „als sehr gute Lösung" der Öffentlichkeit vorgestellt werden konnte, wurde nun auf die beiden abgewinkelten Seitenflügel und damit auf die Einbeziehung des 1983 gegründeten Hauses der Bayerischen Geschichte, der Landeszentrale für politische Bildungsarbeit, des Landespersonalausschusses und des Landesamtes für Datenschutz verzichtet sowie der völlige Erhalt der zwischenzeitlich wissenschaftlich untersuchten Renaissancearkaden am Nordrand des Geländes gewährleistet. Gelobt wurde daran auch der „sehr noble und überzeugende Gedanke einer Orangerie, die dem Gartencharakter des Hofgartens und der baulichen Umgebung Rechnung trägt". Am 30. Juni 1989 wurde der gefundene Kompromiss rechtskräftig.

Zudem verständigten sich Stadt und Staat noch auf den Rückbau des autobahnähnlichen Altstadtrings in diesem Bereich zum begrünten Boulevard sowie auf den bereits von Friedrich Ludwig von Sckell angedachten landschaftsarchitektonischen Zusammenschluss von Hof-, Finanz- und Englischem Garten, verbunden mit der Wiederöffnung des Stadtgrabenbachs. Mit der Planung dieses Projekts wurde – ebenfalls noch 1989 – der Münchner Landschaftsarchitekt Gottfried Hansjakob beauftragt (Ausführung 1993/94).

Die Realisierung der Staatskanzlei

Im September 1989 konnte dann mit der Erstellung der Tiefgarage (mit 177 Stellplätzen) begonnen und im darauffolgenden Frühjahr mit dem Hochbau der sechsgeschossigen Flügel fortgefahren werden. Im Mai 1993, also nach rund dreieinhalb Jahren Bauzeit und dreißigjährigem Ringen, war die neue Staatskanzlei bezugsfertig. Parallel hierzu erfolgte 1991/92 die Konservierung und Rekonstruktion des Kuppelsaales nach einem Konzept von Egon Georg Kunz (Kuppelhalle), Günther Menath (Farbfassung der Raumschale) und Diethard Johannes Siegert (Vestibül). Beim „Tag der offenen Tür" 1994 konnte erstmals die Bevölkerung die neue Staatskanzlei einsehen. Die Gesamtkosten für das Projekt beliefen sich auf gut 222 Millionen DM, wovon allein über 45 Millionen DM auf die denkmalpflegerischen Maßnahmen für den Kuppelbau entfielen.

Über das rein Ästhetisch-Künstlerische bzw. Statisch-Technische der Architektur hinaus, einer durchaus gelungenen Synthese aus Altem und Neuem, sind in dem Gebäude der Staatskanzlei zwei innovative Besonderheiten hervorzuheben: Das ist einmal die „Orangerie" an der Hofgartenseite, der die Funktion einer Klimazone zukommt. Nach möglichst wirklichkeitsnahen Versuchen und Messungen an einem Modell durch den Lehrstuhl für Thermodynamik der Technischen Universität München konnte das Hauptproblem, die richtige Lüftung, zugunsten einer weitgehend natürlichen Lösung mittels Kippflügeln und Schiebefenstern entschieden werden.

Ausgeklügelt ist auch das umfassende Lichtkonzept Christian Bartenbachs, München. So wird der Kuppelsaal ausschließlich durch unmerklich eingefügte Leuchten und indirekt angestrahlte Raumflächen erhellt; spezielle Ellipsenleuchten in der Kuppelschale leuchten die zentrale Bodenfläche aus. Die Flügelbauten sind durchgängig mit einer Halogen-Warmtonbeleuchtung ausgerüstet. Alle Büroräume haben blendfreies, bildschirmgerechtes Licht aus Stehlampen, die Direktlicht an die

Zimmerdecke und indirektes Licht auf die Schreibtischplatte strahlen. Der Treppenverlauf wird mittels eines Spiegel-Werfer-Systems über einer Staubdecke erhellt, wodurch Blendungsfreiheit beim Blick nach oben gewährleistet ist. Ein solches System ist auch in der „Orangerie“ installiert, wobei hier die Spiegel so geformt und angeordnet sind, dass das Licht nicht in den Hofgarten dringt. Den Höhepunkt bildet die Lichtglasdecke des Ministerratssaals.

Mit der obligatorischen „Kunst am Bau“ wollte man keine renommierten Künstler beauftragen, sondern diese Mittel zur Förderung möglichst vieler junger Nachwuchskünstler verwenden, die ab 1962 geboren sein und in Bayern ihren Hauptwohnsitz haben mussten. Eingereicht werden durften Plastiken, Installationen, Gemälde aller Art und Werke der Textilkunst. Das Ergebnis des Wettbewerbs wurde 1997 im Rahmen einer Ausstellung präsentiert. Eine Auswahl davon begegnet dem Besucher der Staatskanzlei heute auf Schritt und Tritt: beispielsweise Markus Stangls sich unmerklich fortbewegende dreiteilige Kugelskulptur aus Aluminium im nördlichen Treppenhaus, Adrian Maryniaks fast 4 m hohe wollknäuelartige „Legung“ aus Aluminiumrohren im südlichen Treppenhaus, Gisela Hoffmanns in der südlichen „Orangerie“ herabhängendes zartes Gewebe-Mobile „Viertel-Säule“, Christine Sabels Gegenstück, die 2,20 m hohe Glaskulisse „Schau“ in der nördlichen „Orangerie“ oder Barbara Sneganas-Blasis „Keramisches Gefäß“ im Saal des Ministerrats. Zudem wurden ab 1997 Werke von zeitgenössischen Malern wie Jürgen Reipka und Peter Tomschiczek angekauft.

Eine Folge der Errichtung der Staatskanzlei war – wie schon erwähnt – die Revitalisierung der Verbindungszone zwischen Hofgarten und Englischem Garten bzw. zwischen Residenzbereich und Schönfeldviertel durch Landschaftsarchitekt Gottfried Hansjakob. Das darin zentral gelegene Prinz-Carl-Palais, das seit 1969 dem Bayerischen Ministerpräsidenten zu Repräsentationszwecken dient, war seit 1972 seiner städtebaulichen Wirkung am Westende der Prinzregentenstraße durch die Straßentunnelrampe beraubt. An der Ostseite der Staatskanzlei entstand dank des Wegfalls der westlichen Tunnelrampe des Altstadtrings eine separate Vorfahrtszone. Wesentliches Gestaltungselement ist dort der parallel verlaufende Stadtgrabenbach, der vor dem Kuppelbau etwas ausbaucht und von einer alleeartigen Bepflanzung mit Ahornbäumen begleitet wird. Die nördlich der Staatskanzlei liegende, leicht abschüssige Grünfläche mit der Marmorstatue eines Jünglings, des sogenannten „Harmlos“ von Franz Jakob Schwanthaler 1803 (seit 1983 Kopie), wurde mit dem Vorfeld des Prinz-Carl-Palais verbunden, auf dem ein großes rundes Brunnenbecken mit einer 10 m hohen Fontäne den Blick auf sich zieht. Bei der Neuplanung des Unteren Hofgartens wurde dem Wunsch Rechnung getragen, das Reiterstandbild von Herzog Otto I. und das Kriegerdenkmal beizubehalten.

Die Architektur der Staatskanzlei

Vom gemauerten Sockel abgesehen, ist vom kriegszerstörten Armeemuseum heute nur noch der Mitteltrakt Ludwig Mellingers von 1905 erhalten. Er wendet seine anspruchsvolle, über eine Freitreppe erreichbare Hauptfassade aus grauem Mainsandstein dem Hofgarten zu. Den Portikus mit sechs ionischen, unkannelierten Säulen schließt ein dreiteiliges, auf den Giebel verzichtendes Gebälk mit plastischer Bekrönung ab. Diese besteht aus den Muschelkalkfiguren von „Eintracht" und „Stärke" von Hugo Kaufmann in der Mitte sowie aus vier Trophäen von Anton Pruska. Sie bilden zusammen mit den Relieffiguren von „Victoria" und „Pax", die das Thermenfenster des Kuppelunterbaues flankieren, sowie mit den Staatswappen an den Schlusssteinen dieses Fensters und des Portals fast die einzigen Schmuckelemente. So knüpft der Mittelbau mit seiner kraftvollen Rustika an die Befestigungsarchitektur des 16. Jahrhunderts an, wobei er in seinem Erscheinungsbild die Verwandtschaft mit dem zeitgenössischen Neuklassizismus nicht verleugnet. Den einzigen Farbakzent setzen die von Carl Marr entworfenen Glasmosaiken in den Lünetten über den drei mittleren Fenstern hinter der Kolonnade; dargestellt sind der bayerische Löwe sowie „Krieg" und „Frieden". Die von einem Umgang mit Balustrade und einer Laterne abgeschlossene Kuppel ist an vorbarocken Beispielen orientiert. 1982 hat sie ihre im Ersten Weltkrieg durch Schiefer ersetzte Kupferdeckung zurückerhalten.

Die ursprünglich keiner Straße zugewandte Ostseite des Kuppelbaus ist vergleichsweise zurückhaltend als Putzbau mit Seitenrisaliten und Attika ausgebildet; die dicht gereihten Fenster im Piano nobile belichten die Prunktreppe. Um dem Haupteingang Gewicht zu verleihen, wurde dem historischen Rundbogenportal eine überdimensionale Stahltüre vorgeblendet und der Eingangsbereich durch eine an zwei Stahlrohrträgern aufgehängte Vordachkonstruktion aus Glas hervorgehoben. Das ist eine Notlösung, da wegen denkmalpflegerischer Einwände ein vom Architekten vorgeschlagener Eingriff in den historischen Kuppelbau nicht zu realisieren war.

Der historische Kuppelbau innen

In seinem Inneren enthält der Kuppelbau übereinander zwei gewölbte Pfeilerhallen, die einst die beiden Museumsebenen verbanden. Die untere Halle ist heute z. T. durch funktionsbedingte Einbauten (u. a. Pforte) verändert, die obere – auf dem Niveau des

◁ *Hofgartenfassade der Staatskanzlei*

Westportals – ist als Vestibül etwas reicher ausgestaltet. An seiner Ostseite liegt das repräsentative Treppenhaus, eines der stattlichsten des Historismus in München; es ist monumental und zugleich platzsparend angelegt. Im oberen, durch Fenster erhellten Bereich erreicht die Treppe beiderseits mit kurzen Läufen die Ebene der Kuppelhalle, die durch Säulenbögen mit dem Treppenschacht verbunden ist. In die Stirnwand des unteren Mittelpodestes ist eine an die Gründung (1879) und den Neubau (1904) des Armeemuseums erinnernde Marmortafel mit vergoldeter Antiqua-Inschrift eingelassen. Sie wird umrahmt von einer Ädikula mit Trophäenreliefs und einem Bildnismedaillon Prinzregent Luitpolds. Trophäenreliefs füllen auch die Bogenzwickel unter den Treppenläufen, Reliefs historischer Helme schmücken die Keilsteine.

Die 32 m hohe Kuppelhalle (s. S. 132) ist die neuzeitliche Version eines Hochrenaissance-Zentralbaus, die tonnengewölbten Kreuzarme, eingespannt in die Säulenarkaden der Galerie, sind von byzantinischen Raumformen abgeleitet. Damit harmoniert auch der Marmorfußboden. Die tragende Eisenbetonkonstruktion mit den mächtigen Parabelbögen sowie der Unterbau mit den Pfeilerverkleidungen (in Kelheimer Kalkstein), den Galerien (auf Rotmarmor-Säulenpaaren) und dem Fußbodenbelag hatten den Zweiten Weltkrieg leidlich überstanden. Dagegen waren die untergehängten Betonschalen und Rabitzkonstruktionen der Gewölbezone (bis auf die innere, kassettierte Kuppelschale) zerstört worden und mussten rekonstruiert werden. Dabei wurde auf die Wiederherstellung von einstigen Schmuckelementen verzichtet. Somit präsentiert sich der gesamte Kuppelbereich des höchst imposanten Raumes heute als reine Architektur. Vom Bildprogramm des Armeemuseums blieben lediglich die steinernen Wappen der vier damaligen Stämme Bayerns – Baiern, Franken, Schwaben und Pfälzer – erhalten.

Die modernen Flügelbauten

Zwei Prämissen waren entscheidend für ihre äußere Gestaltung: die Situation am Ostende des Hofgartens und die Einbeziehung des Kuppelbaus. Dementsprechend hatte sich Architekt Diethard Johannes Siegert entschlossen, die Westschauseite nach dem Vorbild einer „Orangerie“ zu gestalten, deren gerundeter oberer Abschluss die Wölbung der historischen Kuppel aufnimmt. Die unmittelbar an den Mittelbau angefügten Seitenflügel bilden in ihrer Stahl-Glas-Konstruktion, Leichtigkeit und Lichtdurchlässigkeit einen deutlichen Kontrast zum monumental-repräsentativen Kuppelbau. Dennoch weisen sie nuanciert Elemente des historistischen Gebäudeteils auf, wenn auch zeitgemäß umgedeutet. So wurde der geböschte Sockel des alten Armeemuseums als Basis beibehalten. Über diesem Sockel steigt die Glasfront auf. Sie wird durch zarte Rundstützenpaare achsenweise gegliedert und oben durch ein durchlaufendes Gebälk waagerecht abgeschlossen. Damit findet der zentrale Säulenportikus nicht mehr in einer auftrumpfenden, sondern in einer sich vornehm zurückhaltenden Stützenreihe seine Fortsetzung. Die massive Attika des Kuppelbaus hat ihre Entsprechung in dem filigranen Geländer am Ansatz des Glasgewölbes.

Um den beiden Flügelbauten seitlichen Halt zu geben und den 194 m langen Baukomplex zusammenzuschließen, wurde am Nord- und Südende je ein hausteinverkleideterAnbau mit Kranzgesims errichtet – analog den beiden Eckpavillons des einstigen Armeemuseums und auch des benachbarten Festsaaltrakts der Residenz. In ihrer Monumentalität knüpfen diese Eckbauten an den Kuppelbau an, doch sind ihre drei Außenfronten torartig geöffnet. Zum Prinz-Carl-Palais hin ist eine triumphbogenartig aufgebaute Fassade ausgebildet, aus der sich im Obergeschoss der Ministerratssaal gleich einer Kommandobrücke vorwölbt. Seitlich münden die denkmalgeschützten Renaissancearkaden des Hofgartens ein und sind als öffentlich begehbarer Nebenflügel in die Staatskanzlei integriert.

Die Ostseite des Kuppelbaus beeinflusste auch die Gestaltung der Straßenfront der Flügel: Sie ist in einer Ebene bis zum Flachdach hochgezogen und wirkt dadurch höher als die Front der Gartenseite. In Angleichung an die Felderung des Kuppelbaus ist ihr eine Gitterstruktur vorgeblendet. Doch gibt es innerhalb dieser Struktur feine Unterschiede: Bis einschließlich des zweiten Obergeschosses bestehen die aus dem Sockelgeschoss aufsteigenden Vorlagen aus massiven Wandpfeilern. An den beiden Stockwerken darüber treten an ihre Stelle schlanke, gekuppelte Rundstützen. Somit gewinnt die Straßenfront optisch von unten nach oben stufenweise an Leichtigkeit, wie dies in der Palastarchitektur seit dem Quattrocento üblich war.

Beide Flügelbauten werden im Innern jeweils durch zueinander symmetrische Treppenanlagen erschlossen, die – vom Kuppelbau ausgehend – den jeweiligen Gebäudeteil in seiner vollen Länge frei durchmessen. In der Münchner Tradition der sogenannten „Himmelsleiter" führt jede Treppe schnurgerade und voll einsehbar vom ersten zum vierten Obergeschoss, in jedem Stockwerk durch einen schmalen Absatz unterbrochen, um eine Querung zu ermöglichen. Dabei durchstößt die Treppe die einzelnen Ebenen jeweils in einem elegant geschwungenen Ausschnitt und gewinnt mit steigender Höhe an Helligkeit, die durch das Oberlicht eindringt. Besonders geglückt ist der Anschluss der Treppenhalle an den Kuppelsaal im obersten Geschoss; dort gibt – nach der Galerie – das Glasdach den Blick auf die Kuppel frei und bereitet das Versatzstück eines Marmorportals auf den historischen Bauteil vor.

Auf kurzen Wegen gelangt man von den beiden Treppenanlagen aus in die 293 funktionsgerecht ausgestatteten Büro- und Konferenzräume von insgesamt 8.875 qm Nutzfläche. Sie werden hauptsächlich durch eine sparsame Teilklimaanlage belüftet.

Treppenhaus in der Staatskanzlei

Von besonderem Reiz sind die Wandelgänge der an der Westseite vorgeblendeten „Orangerie". Diese steht mit ihrer Glastonne auch in der Tradition des einstigen Wintergartens König Ludwigs II. auf dem Dach der benachbarten Münchner Residenz. Die sichtbar belassene Glas-Stahl-Konstruktion überrascht durch manches Detail, bei Sonnenschein durch ein lebendiges Spiel von Licht und Schatten. Zugleich ermöglicht sie einen ungehinderten Ausblick auf den Hofgarten und wird so zum Bindeglied zwischen innen und außen und gemahnt bildhaft an den Auftrag dieses Hauses, sich nicht abzuschotten.

Ziel der Treppenanlage im Nordflügel ist der ganz ans Ende verlegte, quer gelagerte Ministerratssaal im vierten Obergeschoss. Hier versammelt sich das Kabinett unter Vorsitz des Ministerpräsidenten zu seinen Beratungen. Über dem Tisch ist eine Lichtglasdecke, die bei eingeschalteter Funktion eine Lichtkuppel aufstrahlen lässt, die nicht nur eine tischbezogene, blendfreie Beleuchtung ermöglicht, sondern für den Bedarfsfall eine zusätzliche Fernsehbeleuchtungskomponente enthält.

Die sogenannte Orangerie in der Staatskanzlei

Zugleich dient sie der Belüftung des Raums.An der Hofgartenfront schließen sich an den Ministerratssaal die Räume des Ministerpräsidenten an; deren Wölbung folgt der Vierteltonne der „Orangerie". Vor- und Dienstzimmer des Ministerpräsidenten sind mit hellem Holz vertäfelt. Auf Wunsch von Ministerpräsident Max Streibl wurde im Anschluss an das Empfangszimmer ein intimer Raum mit Zirbelholzverkleidung und -mobiliar eingefügt; dieses Zeugnis bayerischen Kunsthandwerks dient Besprechungen im kleinen Kreis.

„Das Projekt der Staatskanzlei wird entsprechend seiner Bedeutung als Bauwerk für den Freistaat Bayern, aber noch viel mehr auf Grund seines Standortes und seiner städtebaulichen Dimension Geschichte schreiben. Es wird Befürworter und Gegner haben. Erst die Zukunft wird darüber entscheiden, welchen Rang es einnimmt" (Siegert, 1993). Das Gebäude hat inzwischen – wie vom Architekten erhofft – „einen selbstverständlichen Platz in dem Ensemble des Hofgartens".

Quellen und Literatur

Quellen

Die Quellen der Beiträge von Kurt Faltlhauser sind überwiegend die Akten des Bayerischen Staatsministeriums der Finanzen, für Landesentwicklung und Heimat.

Sie wurden ergänzt durch Akten des Vereins „Comité Cuvilliés“ zum Beitrag „Cuvilliés-Theater“, durch Unterlagen des Architekten Peter Kluska zum „Kabinettsgarten“ und durch Akten der Erzdiözese München-Freising zum Kapitel „Allerheiligen-Hofkirche“.

Literatur

Einführung

Richard Bauer: Fliegeralarm. Luftangriffe auf München 1940–1945. München 1987

Alter Hof

Robert Suckale: Die Hofkunst Kaiser Ludwigs des Bayern. München 1993, S. 22–25, 74 und 251 f.

Helmuth Stahleder: Chronik der Stadt München 1157–1818. 3 Bde. München 1995–2005

Enno Burmeister: Die baugeschichtliche Entwicklung des Alten Hofes in München. München 1999

Christian Behrer: Das unterirdische München. Stadtkernarchäologie in der bayerischen Landeshauptstadt. München 2001, bes. S. 27–59 (4.1. Die Herzogsburg), 114 f., 270–278 (Katalog der Funde Taf. 1–9) und 298–302 (Katalog der Befunde)

Karl Schnieringer: Baugeschichtliche Untersuchungen im Alten Hof in München, in: Denkmalpflege Informationen, Ausgabe B 121 (März 2002), S. 12–14

Uli Walter: Neue Wege für den Alten Hof in München. Ergebnisse des Architektenwettbewerbs für die mittelalterliche Herrscherresidenz der Wittelsbacher, Denkmalpflege Informationen, Ausgabe B 125 (Juli 2003), S. 7–10

Kurt Faltlhauser (Hrsg.): 750 Jahre Alter Hof München. Festschrift anlässlich des Abschlusses der Restaurierungsarbeiten in Burg- und Zwingerstock. München 2003

Michael Menzel: Ludwig der Bayer und der Alte Hof, in: Alois Schmid / Katharina Weigand (Hrsg.): Schauplätze der Geschichte in Bayern. München 2003, S. 134–148

Ingrid-Sibylle Hoffmann: Der Meister der Pollinger Tafeln. Wege der Erneuerung in der bayerischen Malerei des mittleren 15. Jahrhunderts. Weimar 2007, S. 197–200 und 240–246 (B.2)

Landesstelle für die nichtstaatlichen Museen in Bayern (Hrsg.): Die Münchner Kaiserburg im Alten Hof. München/Berlin 2008

Josef H. Biller / Hans-Peter Rasp: München Kunst & Kultur. Stadtführer und Handbuch. 19. Aufl. München 2009, S. 73–76

Heinrich Habel / Johannes Hallinger / Timm Weski: Denkmäler in Bayern Bd. I.2/1: Landeshauptstadt München-Mitte. Die Bezirke Altstadt und Lehel, Maxvorstadt sowie der Englische Garten. München 2009, bes. S. 48–58

Ausst.-Kat.: Ludwig der Bayer. Wir sind Kaiser! (Veröffentlichungen zur Bayerischen Geschichte und Kultur 63), hrsg. von Peter Wolf u. a. (Bayer. Landesausstellung Regensburg). Augsburg 2014, S. 105 f. (Kat.-Nr. 1.6 Alter Hof München), 212 f. (Kat.-Nr. 4.5 Schlusssteine und 4.6 Wappenstein aus der Lorenzkapelle) und 282 f. (Kat.-Nr. 5.40 Stifterrelief aus der Lorenzkapelle)

Cuvilliés-Theater

Wolfgang Braunfels: François Cuvilliés. Der Baumeister der galanten Architektur des Rokoko. München 1986

Sabine Heym / Susanne de Ponte / Hermann Neumann: Das Cuvilliés-Theater. München 2008 (mit ausführlichen Literaturhinweisen)

Staatliches Bauamt München I (Hrsg.): Cuvilliés-Theater, Residenz München Teilinstandsetzung. Red. Uta Riedel / Text Eberhard Schmid. München 2008

Bayerisches Staatsministerium der Finanzen / Bayerische Verwaltung der staatlichen Schlösser, Gärten und Seen (Hrsg.): Das Cuvilliés-Theater der Münchner Residenz. Historisches Opernhaus im neuen Gewand. Mit Beiträgen von Hermann Neumann, Mathias Pfeil, Stephan Wolf und Martin Hess. München 2008

Kurt Faltlhauser (Hrsg.) mit Beiträgen von Johannes Erichsen, Sabine Heym, Otto Meitinger, Hermann Neumann, Amanda Ramm, Uwe Gerd Schatz und Tino Walz: Die Münchner Residenz. Geschichte – Zerstörung – Wiederaufbau. Ostfildern 2006, 2. Aufl. 2011

Hermann Neumann u. a.: Bewahren und Forschen. Die Restaurierung des Cuvilliés-Theaters und neue Erkenntnisse zur frühen Baugeschichte der Münchner Residenz. München 2016

Hubertussaal

M. Donatilla von Eckardt: Vom Bau der Institutskirche München-Nymphenburg bis zu ihrer Zerstörung, in: Oberbayerisches Archiv 101. Bd. München 1976, S. 383–385

Lothar Schätzl / Gabriele Schickel: Das „Deutsche Jagdmuseum“ des Christian Weber im Schloss Nymphenburg. Zur Baugeschichte des Schlosses im Dritten Reich, in: Monumental. Festschrift für Michael Petzet (Arbeitshefte des Bayerischen Landesamtes für Denkmalpflege Bd. 100). München 1998, S. 837–862

Bayerische Verwaltung der staatlichen Schlösser, Gärten und Seen (Hrsg.): Hubertussaal und Orangeriesaal im Nordflügel von Schloss Nymphenburg. Instandsetzung und Restaurierung (Baudokumentationen der Bayerischen Schlösserverwaltung Bd. 3). München 2003

Dies. (Hrsg.): Nymphenburg – Schloss, Park und Burgen. Amtlicher Führer. 2., aktualisierte Aufl. München 2014

Doris Fuchsberger / Albrecht Vorherr: Schloss Nymphenburg unterm Hakenkreuz. 2., korrigierte Aufl. München 2014

Cornelia Oelwein: Quellengeschützte Dokumentation zur Geschichte des Deutschen Jagd- und Fischereimuseums München. Lindenberg im Allgäu 2016

Dies.: Die Geschichte des Deutschen Jagd- und Fischereimuseums München. Lindenberg im Allgäu 2016

Allerheiligen-Hofkirche

Hans Karlinger: München und die deutsche Kunst des 19. Jahrhunderts. München 1933

Erich Schosser: Die Allerheiligen Hofkirche in München. Die wahre Geschichte ihrer Rettung (Veröffentlichung der Vereinigung der Freunde Münchens). München o. J.

Oswald Hederer: Leo von Klenze. Persönlichkeit und Werk. München 1964

Norbert Lieb / Heinz Jürgen Sauermost (Hrsg.): Münchens Kirchen. München 1973

Günther-Alexander Haltrich: Leo von Klenze. Die Allerheiligenhofkirche in München (Miscellanea Bavarica Monacensia, Bd. 115). München 1983

Ausst.-Kat.: Von der Aufklärung zur Romantik. Geistige Strömungen in München, bearb. von Sigrid von Moisy (Bayerische Staatsbibliothek München). Regensburg 1884

Ausst.-Kat.: „Vorwärts, vorwärts sollst du schauen ….“. Geschichte, Politik und Kunst unter Ludwig I., hrsg. von Johannes Erichsen und Michael Henker (Germanisches Nationalmuseum Nürnberg). Regensburg 1986

Ausst.-Kat.: Romantik und Restauration. Architektur in Bayern zur Zeit Ludwigs I. 1825-1848, hrsg. von Winfried Nerdinger (Architektursammlung der Technischen Universität München und Münchner Stadtmuseum). München 1987

Heinrich Habel: Der Marstallplatz in München (Arbeitshefte des Bayerischen Landesamtes für Denkmalpflege 63). München 1993

Toni Beil: Die Allerheiligen Hofkirche in der Münchener Residenz, in: Schönere Heimat. Erbe und Auftrag, H. 3, 1998, S. 137–142

Adrian von Buttlar: Leo von Klenze. Leben – Werk – Vision. München 1999

Ausst.-Kat.: Leo von Klenze. Architekt zwischen Kunst und Hof 1784-1864, hrsg. von Winfried Nerdinger (Münchner Stadtmuseum). München/London/New York 2000

Kurt Faltlhauser / Sabine Heym / Florian Hufnagl / Otto Meitinger: Die Allerheiligen-Hofkirche in der Münchner Residenz. Geschichte – Zerstörung – Wiederaufbau. München 2003

Dietrich Clarenbach: Fritz Koenig. Skulpturen Werkverzeichnis. München 2003 (mit einer Einführung von Peter Anselm Riedl)

Huber Glaser (Hrsg.): König Ludwig I. und Leo von Klenze. Der Briefwechsel, bearb. von Hannelore Putz und Friedegund Freitag in Zusammenarbeit mit Franziska Dunkel, Bettina Kraus, Jörg Zedler, 3 Teile, 9 Bde (Quellen zur neueren Geschichte Bayerns, hrsg. von der Kommission für bayerische Landesgeschichte bei der Bayerischen Akademie der Wissenschaften, Bd. 5). München 2004–2011

Kurt Faltlhauser (Hrsg.) mit Beiträgen von Johannes Erichsen, Sabine Heym, Otto Meitinger, Hermann Neumann, Amanda Ramm, Uwe Gerd Schatz und Tino Walz: Die Münchner Residenz. Geschichte – Zerstörung – Wiederaufbau. Ostfildern 2006, 2. Aufl. 2011

Adrian von Buttlar: Leo von Klenze. Führer zu seinen Bauten. Berlin/München 2016

Friedegund Freitag: Leo von Klenze. Der königliche Architekt, Regensburg 2013

Bayer. Staatskanzlei

Heinrich Habel: Das Bayerische Armeemuseum in München. Entstehungsgeschichte und Bedeutung des Gebäudes am Hofgarten (Arbeitsheft 10 des Bayerischen Landesamtes für Denkmalpflege). München 1982

Michael Petzet (Hrsg.): Denkmäler am Münchner Hofgarten. Forschungen und Berichte zu Planungsgeschichte und historischem Bestand (Arbeitsheft 41 des Bayerischen Landesamtes für Denkmalpflege). München 1988

Adrian von Buttlar / Traudl Bierler-Rolly (Hrsg.): Der Münchner Hofgarten. Beiträge zur Spurensicherung. München 1988

Die Bayerische Staatskanzlei, Sonderdruck aus: bau intern. Zeitschrift der Bayerischen Staatsbauverwaltung für Hochbau, Städtebau, Wohnungsbau, Straßen- und Brückenbau. München 1993

Staatliches Hochbauamt München I (Hrsg.): Neubau der Bayerischen Staatskanzlei. Ausstellung von Plastiken junger Künstler. München 1997

Dass.: Neubau der Bayerischen Staatskanzlei. Ausstellung von Bildern und Textilkunst junger Künstler. München 1997

Achim Fuchs: Vom Armeemuseum zur Staatskanzlei (Schnell, Kunstführer Nr. 2612). Regensburg 2005

Heinrich Habel / Johannes Hallinger / Timm Weski: Denkmäler in Bayern Bd. I.2/1: Landeshauptstadt München-Mitte. Die Bezirke Altstadt und Lehel, Maxvorstadt sowie der Englische Garten. München 2009, bes. S. 206–210 (Staatskanzlei) und 320–329 (Hofgarten)

Lothar Altmann / Heinrich Habel: Die Bayerische Staatskanzlei (Schnell, Kunstführer Nr. 2100). Regensburg 2000, 10. Aufl. 2013

Personenregister